SPÉCIAL NOIR

Un fa
au theatre

écrit par Cheryl Zach
illustré par Olivier Vaillon
traduit de l'américain par
Elisabeth de Galbert

épigones

1

Une ombre dans l'obscurité

– C'est du faux ! s'exclama Quinn McMann en regardant les mains couvertes de sang du technicien qui passait devant lui.

– Attention ! prévint Jamie Anderson. Le tournage va reprendre. Quelle chance qu'un film soit tourné si près de chez nous ! Les deux cousins, debout sur le côté du théâtre, regardaient les membres de l'équipe de tournage s'affairer.

– Je suis sûr que cela va être très ennuyeux ! murmura Quinn d'un air renfrogné. Sur la scène, en face d'eux, le régisseur réglait les éclairages pour la dixième fois, tandis qu'un perchiste ajustait en l'air une immense perche, en dehors du champ de vision des grosses caméras.

– Mais on verra Ryan Drake ! s'exclama Jamie. C'est l'une des plus jeunes stars d'Hollywood. Oh, je suis tellement contente que maman nous ait obtenu des laissez-passer pour ce tournage.

– Poussez-vous, s'il vous plaît ! leur demanda un technicien, car ils bloquaient l'allée.

Jamie se glissa entre deux rangées de fauteuils élimés et s'assit ; Quinn s'installa au bord de l'allée. Le technicien s'avança, poussant un énorme chariot rempli de vieux fusils et de grandes épées, et dont les roues grinçaient.

Quinn ne voyait pas ce que Ryan avait d'extraordinaire. Il avait des cheveux blonds et des yeux bleus ; il souriait gentiment et était adulé par de nombreuses jeunes Américaines… Et alors ? Quinn et Jamie n'avaient-ils pas convenu d'utiliser leurs pouvoirs spécifiques – le Q.I. exceptionnel de Jamie et les dons extrasensoriels de Quinn – pour résoudre des mystères, à condition d'en trouver au moins un ? Pourquoi perdaient-ils leur temps sur un plateau de cinéma, uniquement parce que l'un des acteurs était Ryan Drake ?

Bien sûr, c'était plutôt amusant d'assister à un tournage. Le vieux théâtre était tout près de l'appartement de Maggie Anderson, dans l'ouest de Los Angeles, où Quinn vivait désormais avec Jamie et sa mère. Un reporter de la réputation de Maggie avait des amis partout et il avait été facile d'obtenir des laissez-passer. Mais ils étaient restés là toute la matinée.

Ici, loin des projecteurs, le théâtre était

sombre ; le plafond était couvert de toiles d'araignées et la moquette élimée maculée de taches. Quinn se sentait mal à l'aise, sans savoir pourquoi.

– On tourne ! cria soudain le régisseur. Le technicien arrêta son chariot. Le clap retentit.

– Scène trente-sept, plan quatre ! cria le régisseur.

Jamie agrippa Quinn par le bras, visiblement très excitée, lorsque Ryan Drake en personne apparut sur scène.

– C'est lui ! murmura-t-elle.

Quinn regarda le jeune acteur, en costume d'époque, qui s'arrêta au milieu de la scène, puis fit un grand pas en avant en gesticulant.

– Ne t'inquiète pas, Madeleine ! lança-t-il.

Il s'adressait à l'équipe massée derrière la caméra ; l'actrice qui jouait le premier rôle féminin n'était même pas là. Elle ne devait apparaître que dans la scène suivante. Mais Ryan était convaincant ; il fixait d'un air suppliant l'œil rond de la caméra.

– Je suis ici pour te sauver !

Ryan fit un nouveau pas en avant en brandissant l'épée qu'il tenait dans sa main droite. Se déplaçant vers l'extrémité de la scène, il prit une pose dramatique.

Soudain une planche craqua, Ryan vacilla et la scène s'effondra.

Jamie sursauta tandis que Quinn se levait d'un bond.

15
1

Ryan s'écroula par terre dans un vacarme épouvantable. Un homme poussa un cri.

– Coupez ! hurla le régisseur.

Plusieurs membres de l'équipe de tournage se précipitèrent pour secourir le jeune acteur qui gisait sous un amas de planches ; du sang coulait de son front, du vrai sang, cette fois-ci, se dit Quinn, l'air absent.

Regardant sur le côté de la scène, il aperçut une ombre qui s'enfuyait. Quinn cligna des yeux pour s'habituer à l'obscurité. Ryan était seul sur scène. Qui était-ce ? Il ne ressemblait à aucun des membres de l'équipe de tournage et portait un costume d'époque semblable à celui de Ryan. Un masque noir lui couvrait le visage.

Tandis que l'homme jetait un coup d'œil vers l'amas de planches, le régisseur arriva avec une trousse de secours et tous se pressèrent autour de Ryan. Personne ne semblait avoir remarqué l'homme qui disparut derrière les lourds rideaux en velours bordant la scène.

Personne, sauf Quinn qui, remontant l'allée, sauta sur la scène en évitant la partie qui s'était effondrée. Il se précipita vers l'endroit où le mystérieux personnage avait disparu.

Il examina les rideaux, mais ne trouva ni fente ni trou. Reniflant la poussière qui s'échappait des plis, Quinn poursuivit ses investigations, mais en vain. Les rideaux étaient intacts ; il était impossible que l'homme se soit échappé par là.

Alors par où avait-il disparu ?

2

La femme au chapeau

Abandonnant ses recherches, Quinn descendit de la scène. Ryan était assis par terre et le médecin de la société de production l'examinait.

– Aucune trace de commotion cérébrale ; la blessure n'est que superficielle, déclara celui-ci d'un ton rassurant. Tout va bien.

– Par sécurité, mieux vaudrait faire une radio, insista un homme mince, en costume croisé. S'il avait une fracture du crâne ? Vous auriez dû appeler le 911, comme je vous l'avais dit.

– Cela suffit, Max, je vais très bien ! répliqua le jeune acteur, irrité.

– Même si vous n'allez pas à l'hôpital, vous ne pourrez pas continuer à tourner aujourd'hui, répliqua Max. Le choc a été violent. Qui sait si vous n'êtes pas blessé ailleurs ? Peut-être avez-vous eu le « coup du lapin » !

– Cela n'arrive que dans les accidents de voiture, murmura Quinn, mais personne ne l'écoutait, sauf Jamie qui venait de le rejoindre. Pourquoi ce type fait-il tant d'histoires ?

– C'est l'agent de Ryan Drake, répondit-elle. Tu ne sais donc rien de ce qui se passe à Hollywood ?

– Si nous ne respectons pas le programme, expliqua le régisseur en soulevant sa casquette et s'épongeant le front, le film risque d'être annulé.

– Laissez-moi me reposer un moment et nous reprendrons le tournage, dit Ryan en lançant un regard courroucé à son agent. Je vais bien, je vous assure.

Max secoua la tête. Repoussant la main qu'il lui tendait, Ryan se leva et se dirigea vers sa loge, installée dans une caravane sur le parking.

Traversant la scène, le réalisateur et son équipe réglèrent la caméra et les projecteurs de manière à tourner sur la partie de la scène encore intacte.

– Ils auraient dû appeler le 911, marmonna Max en passant à côté de Quinn et Jamie, quelle publicité ça nous aurait fait !

Quinn s'approcha de l'amas de planches. Cherchant des traces de sabotage, il souleva une vieille planche qui s'effrita entre ses mains.

– Elles sont toutes pourries, constata-t-il. Tu m'as bien dit que ce théâtre n'avait pas servi pendant des années ?

– Exact, répondit-elle. Malgré les apparences, ce théâtre a un riche passé.

– C'est-à-dire, en deux mots ?

– À l'époque où Hollywood n'était qu'une orangeraie, le Roxy était un théâtre de vaudeville. On l'a ensuite transformé pour y projeter des films muets, puis des films parlants. Lorsque les grands cinémas ont ouvert, le Roxy n'a pu les concurrencer et a dû fermer ses portes. On l'a rouvert pour y projeter des films d'art, puis il a à nouveau fait faillite. La société de production vient de le racheter pour y tourner ce film.

– Que se passera-t-il lorsque le tournage sera terminé ?

Quinn examina ce qui restait de la splendeur passée du théâtre. Le balcon s'affaissait, une odeur de moisi imprégnait tout l'édifice et, au plafond, deux grosses taches noires trahissaient une fuite dans le toit. Des fissures, provoquées sans doute par le dernier tremblement de terre, étaient visibles sur un mur. Les fauteuils éculés étaient troués par endroits. Quinn frissonna, sans savoir pourquoi.

– Qui sait ? murmura Jamie.

Quinn examina à nouveau les débris de planches, sans rien trouver de suspect. Devait-il parler à Jamie de l'ombre qui s'était volatilisée derrière les rideaux ? Mais son bon sens l'avait déconcerté tout à l'heure. Mieux valait attendre d'avoir d'autres preuves de... il ne savait trop que...

Jamie regardait les cameramen déplacer les caméras. Quinn n'avait jamais imaginé que son associée s'enticherait à ce point d'une star de cinéma ; Jamie était d'habitude si sensée. Avec son Q.I. exceptionnel et sa faculté d'analyse, elle était, des deux, la plus pragmatique. Quant à lui, le médium en herbe, il cherchait souvent des solutions farfelues.

– Sortons déjeuner, dit Quinn en secouant la tête d'un air dépité.

– Si nous sortons, nous risquons de ne plus pouvoir rentrer.

– Je meurs de faim. Se croisant les bras, Quinn fixa Jamie. Tu as l'intention de rester ici toute la journée ? Tu m'avais dit que tu ne resterais qu'une heure ou deux.

– Je ne savais pas que c'était si long, répondit Jamie, sur la défensive. Nous n'avons vu Ryan que quelques minutes.

Quinn roula des yeux furieux. Allait-elle le bassiner toute la semaine avec ce soi-disant grand acteur ?

Jamie regarda la doublure de Ryan prendre place sur scène pour que les éclairagistes vérifient que la caméra n'était pas gênée par les projecteurs. Quinn renifla.

Une odeur de nourriture arrivait par la porte donnant sur le parking. Se dirigeant vers celle-ci, Quinn aperçut un homme robuste qui poussait un chariot transportant un grand plateau. L'homme, affublé d'un long tablier blanc, ralentit pour éviter un nid-de-poule. Il regarda le badge accroché sur le T-shirt de Quinn.

– Tu dois avoir faim, lui dit-il. Le déjeuner

est servi sur le parking. Tu ne perdras pas ton temps. Nous sommes la meilleure société de restauration d'Hollywood.

– Merci ! répondit Quinn.

Il courut rejoindre Jamie.

– Le déjeuner est servi sur le parking. Nous y sommes invités.

– Pas moi !

– Les acteurs eux aussi doivent manger, insista Quinn.

– C'est vrai, se ravisa Jamie. Allons-y.

Quinn lui emboîta le pas en riant. La société de restauration avait dressé de longues tables avec des assiettes en carton, des serviettes en papier et des couverts en plastique. Quinn prit une assiette et rejoignit l'équipe de tournage qui faisait la queue pour se servir. Le plat de résistance était un ragoût de viande et de légumes, chinois ou japonais, selon Quinn. Sur les tables se trouvaient également des petits pains, des fruits frais, des gâteaux, des bouteilles d'eau et diverses boissons.

Quinn remplit son assiette, prit une limonade et s'installa sur une chaise pliante. Une minute plus tard, Jamie le rejoignit, l'air déçu.

– Ryan doit déjeuner dans sa loge, dit-elle à Quinn qui se souciait davantage de la nourriture. Lorsqu'il eut fini, il jeta son assiette à la poubelle et discuta avec le directeur de la société de restauration.

– C'était délicieux ! le félicita Quinn.

– Nous sommes l'entreprise de restauration préférée de Ryan Drake, dit-il. Nous avons fait tous ses films. Et dire qu'il n'y en aura peut-être plus !

– Pourquoi ?

– Il n'aurait plus de contrat, paraît-il. Sa cote de popularité est en baisse. Demain apparaîtra une autre idole et Ryan vendra des journaux au coin de la rue. Dommage, c'est un chic type !

Quinn courut répéter à Jamie ce qu'il venait d'entendre.

– C'est faux ! s'indigna Jamie. Je suis persuadée que Ryan est un grand acteur, il est, il est…

– Il est gentil, répondit Quinn sèchement. Et les filles l'adorent. Mais il grandit. Combien de jeunes acteurs, devenus adultes, sont-ils encore des stars ? Peu. Rien d'étonnant à ce qu'il tienne absolument à terminer le tournage !

Jamie regarda sa montre.

– Rentrons avant que le tournage reprenne, dit-elle.

« J'aurais mieux fait de me taire », se dit Quinn en son for intérieur, tout en se dirigeant avec Jamie vers l'entrée du théâtre. À leur grand étonnement, un groupe de femmes massées sur le parking déboula brusquement, leur bloquant le passage.

Le groupe était conduit par une femme d'âge mûr, de belle taille, coiffée d'un chapeau à plumes à larges bords qui la grandissait encore. Elle brandissait une pancarte sur laquelle était écrit en majuscules « SAUVEZ LE ROXY ».

– Arrêtez le tournage ! hurlait-elle. Arrêtez le tournage !

Jamie et Quinn s'arrêtèrent, stupéfaits. Qui était cette cinglée ?

Les autres femmes formaient une ligne compacte. Une petite blonde, à droite de la femme au chapeau, brandissait une pancarte sur laquelle on pouvait lire : « SAUVEZ NOTRE PATRIMOINE ! »

Le régisseur apparut.

– Que se passe-t-il encore ? vociféra-t-il, furieux. Comment êtes-vous entrées ? Allez-vous-en ! Vous n'avez pas le droit d'interrompre le tournage.

– Le tournage ne peut souffrir de retard, enchaîna Jamie, en faisant face à la femme au chapeau.

– Nous refusons que notre patrimoine soit détruit ! rétorqua celle-ci, tandis que les plumes ornant son chapeau s'agitaient.

– Nous le refusons ! répondirent en chœur les autres femmes. Sauvons le Roxy !

– Mais vous êtes idiotes ! Pourquoi boycotter la société de production ? Uniquement parce que le bord de la scène s'est effondré ?

– Ah ! Cela a déjà commencé ? s'écria la femme au chapeau. Je savais qu'il était urgent d'intervenir !

– Vous devriez avoir honte ! hurlèrent deux autres femmes du groupe. Ce théâtre est chargé d'histoire.

– Mais il faut bien l'utiliser, cria Jamie,

furieuse. Il ne sert plus depuis si longtemps. Vous devriez les remercier au lieu de venir les embêter !

– Devrais-je les remercier de faire sauter le théâtre ? demanda la femme au chapeau.

Jamie écarquilla les yeux.

– Comment ?

– Je dis bien « faire sauter le théâtre » ! insista la femme d'un ton triomphant. C'est ce qu'ils doivent faire à la dernière scène. N'est-ce pas vrai ? poursuivit-elle en se tournant vers le régisseur.

Celui-ci rougit.

– Nous avons toutes les autorisations nécessaires et pris toutes les mesures de sécurité qui s'imposent. Il n'y a pas lieu de s'inquiéter. Nous tournons un film, c'est tout.

– Vous allez détruire un bâtiment historique ! s'écria la femme au chapeau en haussant le ton. Savez-vous combien de films célèbres ont été projetés et combien de grands acteurs ont joué ici ?

– Oui, mais... Le régisseur semblait embarrassé. Il lui arrivait à peine au menton. Allez chercher les agents de la sécurité, cria-t-il soudain, tandis que la femme au chapeau, couvrant sa voix, scandait : « Sauvez le Roxy ! Sauvez le Roxy ! »

Le slogan fut repris en chœur par les autres femmes qui brandissaient toujours plus haut leurs pancartes.

Quinn regarda Jamie. Elle était rouge écarlate et ses yeux verts étincelaient. Il connaissait ces signes : Jamie Anderson était sur le point d'exploser !

– Vous êtes stupides ! hurla-t-elle. Ce bâtiment s'écroule. Pourquoi refuser qu'ils le détruisent. Quelqu'un reconstruira un autre bâtiment à la place. Il est vital pour Ryan Drake que le tournage continue.

Jamie essaya de contourner la femme au chapeau pour pénétrer dans le théâtre, mais celle-ci lui bloqua le passage.

– Poussez-vous ! hurla Jamie.

3

Une lettre de menace

– Allez-vous-en ! répéta Jamie en tapant du pied. Comment cette péronnelle osait-elle interrompre le tournage ? Personne ne s'intéressait à ce vieux théâtre. Par contre, il était vital pour Ryan Drake de terminer ce film, ne le comprenait-elle pas ?

Il aurait un grand succès, Jamie en était persuadée, et les fausses rumeurs que Quinn colportait seraient démenties. Comment pouvait-on douter des dons de ce grand acteur ?

La femme au chapeau brandit sa pancarte encore plus haut, en chantant « Sauvez le Roxy ! ».

– Vous êtes décidément idiote ! cria Jamie en essayant de couvrir les voix des manifestantes. Ce théâtre est une propriété privée. Vous n'avez pas le droit de manifester ici.

Deux agents de la sécurité, vêtus d'un uniforme kaki chiffonné, arrivèrent en courant et saisirent la femme au chapeau chacun par un bras.

– Vous devez partir, madame, dit l'un d'eux qui avait encore des reliefs de son déjeuner sur le menton.

Les manifestantes avaient donc profité du fait qu'ils étaient partis déjeuner pour s'introduire sur le parking.

– Nous sommes aux États-Unis d'Amérique. Nous avons donc droit à la parole, ne l'oubliez pas ! rétorqua la femme au chapeau en levant le menton et fixant le policier de ses yeux noirs étincelants.

– Vous n'avez aucun droit dans une propriété privée, répliqua celui-ci sans se démonter. Vous ne pouvez manifester que sur la voie publique, et encore vous faut-il une autorisation si vous ne voulez pas avoir d'ennuis avec la police.

Il poussa la manifestante dehors et les autres femmes, brandissant toujours leurs pancartes, la suivirent.

Jamie respira profondément.

Quinn la rejoignit.

– J'ai cru que tu allais en venir aux mains avec cette femme, dit-il en riant. Si cela devait t'arriver, fais attention à ses plumes. Elles pourraient te mordre !

– Jamais je ne me serais abaissée à recourir à la violence, répondit Jamie, furieuse. Mais cette femme m'a rendue folle. Pourquoi se soucier de ce vieux théâtre ? Il s'effondre de partout, c'est évident. S'il ne sert à rien, mieux vaut le détruire.

– Ce serait dommage ! insista Quinn. Il existe depuis si longtemps. Tant de choses s'y sont passées. Et ils s'apprêtent à le détruire sans le moindre scrupule !

– Qui pourrait le leur reprocher ? Vois ce qui s'est passé dès que l'information a filtré ! Jamie regarda à nouveau sa montre. Viens, le tournage va bientôt recommencer et ils ne laisseront plus entrer personne.

Quinn la suivit en faisant la moue. Ils entrèrent dans le théâtre par la porte latérale et s'assirent côte à côte. Tandis que le réalisateur discutait avec les éclairagistes et les maquilleurs, Jamie examina encore une fois le vieux théâtre.

Ce qu'elle avait dit était vrai. Les murs de la salle étaient recouverts d'un vieux papier défraîchi représentant le Colisée, et des trous béants s'ouvraient dans celui-ci, de larges bandes de papier s'étant décollées. Les ampoules des lustres étaient cassées pour la plupart et le balcon n'était manifestement pas sûr. Les fauteuils étaient élimés et une odeur de moisi imprégnait tout l'édifice.

Qui voudrait conserver ce théâtre en l'état ? Si la société de production n'avait pas voulu tourner Le Théâtre Hanté dans un théâtre en ruine, le Roxy serait resté inutilisé. Pourquoi n'aurait-elle alors pas le droit de le détruire ?

Jamie reporta son attention vers la scène.

Elle était ravie d'assister à un tournage et de découvrir ainsi l'envers du décor : les éclairages, les caméras, les girafes, les effets spéciaux, les maquillages... Une fois le film terminé, le public, lui, ne voyait rien de tout cela : il ne voyait que ce que montrait la caméra.

À côté d'elle, Quinn observait le bord de la scène où les rideaux tombaient en plis serrés. Pourquoi regardait-il les rideaux alors qu'il se passait tant de choses intéressantes sur scène ? Jamie détourna son attention de Quinn en entendant la voix du réalisateur.

– Où est Ryan ? demanda-t-il. Je croyais que vous l'aviez appelé. Nous sommes prêts à tourner.

– Je l'ai appelé en effet, répondit le régisseur. Je vais voir s'il arrive. Il sortit de sa poche un téléphone portable, au moment où Ryan Drake monta sur scène.

Jamie retint son souffle. Certes, elle n'était pas comme ces adolescentes qui, chaque semaine, s'entichaient d'un acteur célèbre ou d'une star du rock. Mais voir Ryan Drake en chair et en os était tout de même grisant. Et l'acteur était plutôt courageux de reprendre le tournage si rapidement après sa chute.

Cette fois-ci, celui-ci s'effectua sans problème.

– Bon travail ! déclara le réalisateur. Cette fois-ci, nous y sommes !

Ryan Drake se tourna alors vers lui, l'air embarrassé.

– Jack, j'aimerais que vous regardiez ceci, lui dit-il en sortant de sa poche une feuille de papier froissée.

– De quoi s'agit-il ?

– D'une lettre de menace !

Jamie donna un coup de coude à Quinn qui se redressa, soudain attentif.

– Quel genre de menace ? demanda le régisseur en s'approchant.

– « Vous serez mort avant d'avoir fini le film » lut le réalisateur. Et c'est signé : « Le fantôme du Roxy. »

– C'est ridicule ! bredouilla le régisseur. Le fantôme est un des personnages du film. Il ne peut pas envoyer des menaces par écrit ; il n'existe pas. Il s'agit sûrement d'une mauvaise farce !

Le réalisateur hocha la tête, mais il semblait inquiet.

– Où avez-vous trouvé cette lettre ?

– Elle était coincée dans la porte de ma caravane, mais j'ai attendu la fin du tournage pour vous en parler. Je ne voulais pas que celui-ci soit à nouveau interrompu.

– Sans doute cette lettre ne doit-elle pas être prise au sérieux, dit le réalisateur d'un ton posé, grattant son front dégarni sous sa casquette. Mais mieux vaut appeler la police.

Jamie suivait la conversation avec tant d'intérêt qu'elle sursauta lorsque Quinn la poussa du coude.

– Ne me dis pas que tu veux t'en aller maintenant ? chuchota-t-elle. Je voudrais savoir ce que la police va dire.

– Non, nous restons, à condition qu'ils ne nous mettent pas dehors. J'ai quelque chose à leur dire.

– Quoi ?

Quinn lui parla alors de l'ombre qui s'était volatilisée derrière les rideaux. Jamie se mordit la lèvre.

– Pourquoi ne m'en as-tu pas parlé avant ? Nous sommes associés, tu n'as pas le droit de me faire des cachotteries, ce n'est pas du jeu !

– J'avais peur que tu ne me croies pas, lui répondit Quinn. J'ai eu tant de mal à te convaincre pour la momie*, souviens-toi !

Jamie détourna la tête.

– Je ne voulais pas croire à ces phénomènes extrasensoriels... Es-tu sûr qu'il n'a vraiment pas pu traverser les rideaux ? C'est ce que font sans arrêt les magiciens, non ?

– Tu n'as qu'à aller voir toi-même ! rétorqua Quinn dont les yeux bleus étincelaient de colère.

– Excuse-moi, dit Jamie en lui prenant le bras. Je te crois. Penses-tu qu'il s'agisse d'un fantôme ?

– Je n'en sais rien, répondit Quinn. Il passe à travers les rideaux. Pour le moment, c'est tout ce que je sais.

– Et envoie des lettres de menace, ajouta Jamie en regardant la scène. Ce mystérieux personnage serait-il notre fantôme ?

* Lire : L'énigme de la momie

4

Accès interdit

Le policier était un homme de petite taille, sanglé dans un uniforme bleu marine. Après avoir interrogé Ryan Drake, il s'entretint avec plusieurs membres de l'équipe de tournage, leur demandant s'ils n'avaient vu personne déposer la lettre de menace. Quinn dut attendre plus d'une heure avant de pouvoir raconter son histoire.

– As-tu vu son visage ? lui demanda le lieutenant Casey.

– Non, il était masqué !

Le lieutenant semblait sceptique.

– Si je comprends bien, ils tournent un film d'épouvante. Évidemment, le lieu s'y prête, dit le policier en examinant le vieux théâtre. Mais tu devrais apprendre à faire la différence entre ce qui est réel et ce qui ne l'est pas.

– Je sais ce que j'ai vu, répondit Quinn en rougissant.

– Quinn a des dons particuliers, comme son père, Roark McMann, le célèbre médium.

Jamie surprit, mais trop tard, le coup d'œil de son cousin.

– Un médium ? C'est justement ce dont nous avons besoin ! s'exclama le lieutenant d'un ton sarcastique. As-tu aussi apporté tes cartes de tarot ?

Derrière lui, Ryan et le réalisateur tendirent l'oreille. L'acteur écarquillait les yeux.

– Nous avons déjà élucidé plusieurs mystères, expliqua Jamie, indignée de l'incrédulité du policier.

Pourquoi, sous prétexte qu'ils étaient des enfants, ne les prenait-on jamais au sérieux ? Le policier referma son carnet. Avait-il seulement consigné la déclaration de Quinn?

– Écoutez, les enfants ! Nous ne sommes pas au cinéma. Dans la vie réelle, nous autres policiers, nous appliquons les anciennes méthodes. S'il s'agit bien d'une lettre de menace, ce dont je doute, je ne voudrais pas que vous furetiez partout et détruisiez d'éventuels indices, compris ? L'accès de ce plateau est interdit à toute personne autre que les acteurs et les membres de l'équipe de tournage.

Jamie se hérissa. Quinn lui donna un coup de coude.

– Entendu, dit-il. Jamie ravala sa colère.

– Il nous prend pour des imbéciles ! fulmina-t-elle quelques instants plus tard en s'éloignant avec Quinn.

– Sans blague ? J'ai également le sentiment que nous allons bientôt être virés du plateau. Quel besoin avais-tu de dire que j'étais un médium ? Tu sais combien de personnes croient aux esprits ? Toi-même, tu n'y croyais pas au début.

– Mais ils existent, tu l'as prouvé... Hum ! Jamie aperçut le régisseur qui se dirigeait vers eux.

– Nous avons été ravis d'avoir votre visite aujourd'hui. Saluez votre mère de notre part à Jack et moi, dit le jeune homme en souriant et en tendant la main pour récupérer les badges.

Se mordant les lèvres, Jamie rendit son badge et Quinn l'imita. Le régisseur les accompagna jusqu'à la porte et attendit qu'ils traversent le parking et sortent dans la rue.

– Oh, regarde ! murmura Jamie. La femme au chapeau et ses compagnes continuaient d'arpenter le trottoir en brandissant leurs pancartes.

Un camion de AIN était garé non loin, tandis que la mère de Jamie interviewait la chef de file des manifestantes.

– Ce théâtre a un riche passé.

La femme au chapeau hocha la tête, faisant trembler ses plumes.

Jamie regarda Quinn et soupira. On leur avait interdit l'accès au plateau et voilà que cette cinglée était encore là. Quelle catastrophe la journée leur réservait-elle encore ?

Maggie Anderson avait comme d'habitude beaucoup d'allure. Jamie se demanda si un jour elle réussirait aussi bien qu'elle.

ROXY

– Pourquoi manifestez-vous, madame Potski ? demanda la journaliste.

– Je me préoccupe de mon quartier, répondit madame Potski avec tant de passion que les plumes de son chapeau se mirent à trembler. Pourquoi faudrait-il détruire les bâtiments anciens, pour les remplacer par des supérettes ou des marchands de hamburgers ? Si ce théâtre était restauré, il pourrait servir à différents groupes du quartier et...

Jamie écouta la femme au chapeau défendre sa cause. Nul doute qu'elle était convaincue. Mais qu'adviendrait-il de Ryan Drake ? Et du film Le Théâtre Hanté ? Le moindre retard dans le tournage entraînerait des frais supplémentaires que la société de production ne pourrait payer. « Il y a du pour et du contre dans tout, avait coutume de dire sa mère. »

Jamie observait celle-ci qui concluait l'interview, tandis que la caméra s'immobilisait.

– Merci, madame Potski ! Vous vous verrez ce soir au journal télévisé, dit la journaliste à la femme au chapeau. Merci, Mike ! ajouta-t-elle en se tournant vers le cameraman. Je vous retrouverai au studio.

– Bonjour, maman ! dit Jamie. Que fais-tu donc ici ? Cette affaire n'a rien de si extraordinaire qui puisse t'intéresser.

Maggie rangea son micro, enleva l'écouteur de son oreille et recoiffa ses cheveux roux.

– Nous avons reçu un appel nous signalant la

manifestation. Comme je savais que Quinn et toi étiez au théâtre, j'ai préféré venir voir sur place.

– Il s'agit juste d'une folle affublée d'un grand chapeau à plumes, dit Jamie. Et d'une lettre de menace de mort. Elle n'était pas pour rien la fille d'une journaliste, se dit-elle fièrement.

– Une menace de mort ? répéta Maggie.

– Ryan Drake est tombé de la scène, répondirent Jamie et Quinn en chœur. Ils ont dit qu'il s'agissait d'un accident – que les planches étaient pourries – mais il a trouvé une lettre de menace de mort et Quinn a aperçu un type sur la scène.

Maggie fronça les sourcils.

– Rien d'important sans doute, mais je vais tout de même essayer de recueillir un témoignage. Finalement nous n'avons pas fini, Mike ! dit-elle au cameraman. Venez avec moi dans le théâtre !

Jamie et Quinn lui emboîtèrent le pas. Ils la regardèrent convaincre le responsable de la sécurité de la laisser entrer et pénétrer dans ce qui était le bureau du réalisateur. Tandis qu'elle interrogeait celui-ci, Ryan Drake entra, à moitié maquillé. Jamie retint son souffle et s'approcha le plus près possible du jeune acteur.

Max, l'agent de Ryan, insista pour dire quelques mots, même si, à voir l'air narquois de Maggie, sa déclaration avait toutes les chances d'être coupée.

Puis ils s'entassèrent tous dans la jeep, qui fit un détour pour déposer les enfants à l'appartement.

– Je rentrerai après le journal, leur dit Maggie. Voulez-vous quelque chose chez le traiteur ?

– Volontiers. Jamie prit l'argent que sa mère lui tendait. Les deux enfants allèrent faire quelques courses, puis rentrèrent à l'appartement et mirent le couvert.

– As-tu faim ? demanda Jamie à Quinn qui humait l'odeur des plats d'un air gourmand. Veux-tu dîner maintenant ou plus tard ?

– Nous pouvons manger les nouilles japonaises et attendre ta mère pour prendre la suite, proposa Quinn.

– D'accord !

Lorsque ce fut l'heure des informations, Jamie alluma la télévision. Après les gros titres, la présentatrice parla de la hausse des taux d'intérêt, de la visite d'un ambassadeur, de la naissance de lionceaux au zoo de Los Angeles.

– Des manifestants, poursuivit-elle, sont regroupés devant le théâtre Roxy, dans l'ouest de Los Angeles ; ils s'opposent à la destruction de ce vieux théâtre et veulent interrompre le tournage en cours. Reportage de Maggie Anderson.

Le visage de Maggie apparut en gros plan sur l'écran.

– Le théâtre Roxy a connu de meilleurs jours, expliqua-t-elle tandis que la caméra balayait la façade en briques du vieux théâtre. Mais Emmaline Potski pense qu'il vaut la peine d'être restauré.

Emmaline apparut à l'écran. Les plumes

de son chapeau tremblaient tandis qu'elle parlait.

– Ce théâtre a toute une histoire...

L'attention de Jamie fléchit un moment, mais elle se reprit lorsque Maggie déclara :

– Plus importante que cette manifestation est la menace de mort que le jeune acteur Ryan Drake a reçue...

Le beau visage de Ryan apparut.

– Je ne suis pas inquiet. De toute façon, le tournage doit continuer.

Maggie conclut le reportage sur une déclaration de la police.

– Nous pensons qu'il n'y a pas lieu de s'inquiéter. Il s'agit vraisemblablement d'une farce.

Le reportage était terminé ; la présentatrice enchaîna avec le bulletin-météo.

– Ils n'ont même pas parlé de l'homme que tu as vu sur la scène, s'indigna Jamie.

– Heureusement, répondit Quinn. Je n'ai aucune envie de passer à la télévision, tu le sais bien.

– Oui, mais pourquoi personne ne croyait à son histoire ? Certes, elle aussi avait douté des dons de son cousin, jusqu'à ce qu'il fasse ses preuves. Mais désormais elle y croyait.

Dès que Maggie fut rentrée, ils se mirent à table et Jamie revint sur cette omission.

– Si la police n'a pas voulu mentionner cet homme, dit Maggie d'un air pensif, peut-être est-ce pour ne pas l'effrayer si jamais il revient – au cas où il est impliqué dans l'affaire. D'après la police, la scène serait pourrie et se serait écroulée toute seule.

– Peut-être est-ce tout simplement parce qu'ils ne croient pas Quinn ! dit Jamie en enfonçant nerveusement sa fourchette dans le morceau de poulet se trouvant dans son assiette.

Quinn haussa les épaules.

– Aucune importance ! répondit Quinn d'un ton calme. Ce n'est pas la première fois que cela arrive !

– Ils finiront bien par reconnaître leur erreur, dit Jamie. Et si ce type revient et passe à nouveau à l'acte, ils regretteront de ne pas t'avoir écouté.

Le téléphone sonna. Quinn décrocha.

– Allô ? Comment ? Oh, oui ! Entendu, nous serons là.

Il raccrocha.

– Qui était-ce ? demanda Jamie.

– Jack Delanay. Le réalisateur. Il voudrait que nous assistions au tournage demain matin. Ryan Drake veut nous voir.

– Il veut me voir ? Jamie sentit soudain son pouls accélérer. Elle respira profondément.

– Non, moi, répondit Quinn, perplexe.

5
Une surprise

– Le réalisateur veut nous voir, dit Quinn au gardien qui bloquait l'entrée. Après la manifestation de la veille, les mesures de sécurité avaient été renforcées.

Le gardien consulta sa liste.

– Vous n'êtes pas sur ma liste.

Jamie roula des yeux furieux. Elle portait un sweat-shirt en coton tout neuf. N'avait-elle pas aussi changé de coiffure ? Tout cela, sans doute, pour les beaux yeux de ce stupide acteur ! Ah, les filles ! Quinn reporta sa colère sur le gardien.

– Il a sans doute oublié de vous donner nos noms. Il nous attend.

Le gardien secoua la tête.

– Vos noms ne figurent pas sur ma liste.

Le régisseur arriva sur ces entrefaites.

– Laissez-les entrer, Tim !

Il tendit aux enfants deux badges et entra avec eux dans le vieux théâtre.

– Pourquoi tenez-vous à ce que nous soyons là ? demanda Quinn abruptement.

– Ce n'est ni moi, ni le réalisateur, c'est Ryan, répondit le régisseur en caressant sa moustache. Il dit que... il vous expliquera lui-même, ses explications me paraissent étranges. En fait, il fait une petite dépression et vous voudrait près du plateau. Nous devons tout faire pour que notre jeune star soit heureuse...

Ils trouvèrent le jeune acteur dans sa loge, sur le parking. Le régisseur frappa à la porte de la caravane.

– Entrez ! répondit une voix sourde.

Quinn grimpa les marches derrière le régisseur, suivi de Jamie, qui écarquilla les yeux en entrant dans la loge de l'acteur.

Quinn examina l'intérieur de la loge qui était meublée simplement. Il y avait un divan et deux fauteuils en cuir, une grande télévision, un magnétoscope et des jeux vidéo.

Ryan était assis dans l'un des fauteuils. Il portait une serviette autour du cou et était déjà maquillé. La lumière du jour filtrant à travers les fenêtres lui donnait un teint basané. Ses yeux eux aussi étaient maquillés. « Grotesque », se dit Quinn.

– Bonjour ! dit Ryan en regardant Quinn droit dans les yeux. Alors, c'est toi ?

Quinn avait l'impression d'avoir du ketchup sur le nez. Il fit un violent effort pour ne pas se frotter le visage.

– C'est moi quoi ?

– Le médium ? C'est vraiment toi ?

Quinn ne savait s'il devait rire ou se mettre en colère.

– Vous êtes dans le cinéma depuis trop longtemps ! Certaines choses sont vraies, vous savez.

– C'est lui, dit Jamie. Son père était un célèbre médium ; il a aidé la police à élucider plusieurs crimes.

Ryan hésita, puis se tourna vers le régisseur.

– Dites à Jack que j'arriverai dès qu'il sera prêt à tourner. En attendant, ces deux-là peuvent rester avec moi.

– Comme vous voudrez ! Le régisseur eut un petit haussement d'épaules et sortit.

– Qu'est-ce que cela veut dire, demanda Quinn en dévisageant l'acteur d'un air maussade. Pourquoi nous faites-vous revenir ? Hier, la police nous a demandé de partir.

Ryan sembla réfléchir. Il fit signe à Quinn de prendre l'autre fauteuil.

Quinn s'assit ; Jamie s'assit sur le bord du divan.

– La police n'a pas vu la même chose que moi. J'ai vu une silhouette dans l'ombre, derrière la scène, on aurait dit quelque chose d'irréel. C'était juste une forme sombre, puis soudain je l'ai vu distinctement et, je sais que cela peut paraître bizarre, il était masqué comme le fantôme dans notre film. J'ai pensé qu'il s'agissait de l'un des acteurs, mais, lorsque je me suis approché, il avait disparu.

Jamie regarda Quinn, les yeux brillants. Il hocha la tête lentement.

– Je vous crois. Moi aussi, je l'ai vu hier, juste après votre accident.

Ryan se pencha en avant.

– Je ne crois plus que c'était un accident.

– Mais la police a dit que...

– Je me fiche de ce que dit la police. Et la lettre de menace ? Et pourquoi cet individu – quel qu'il soit – réapparaîtrait-il maintenant ? Pour essayer de me tuer.

Ryan parlait d'une voix basse, mais déterminée, le regard grave.

– Tu es le seul qui aies l'expérience des fantômes. J'aimerais que tu restes avec moi pendant toute la durée du tournage. Tu percevras avant tout le monde la présence du fantôme et pourras m'avertir s'il tente quelque chose. Acceptes-tu ?

Jamie regarda Quinn et il n'était pas nécessaire d'être médium pour comprendre qu'elle voulait qu'il dise oui.

– J'accepte, dit Quinn lentement. Assister au tournage n'était pas ce qu'il avait prévu pour ce dimanche d'été ensoleillé, mais cela ferait plaisir à Jamie. Et Ryan semblait vraiment inquiet.

– Merci ! s'exclama Ryan, l'air soulagé. Lorsque j'ai appris qu'ils allaient à nouveau tourner ce film d'épouvante, je me suis dit qu'il y avait un rôle sur mesure pour moi. Je ne voudrais pas qu'il y ait de problème.

– Entendu, dit Quinn. Mais Jamie m'accompagne partout. Nous sommes associés. Nous avons déjà élucidé un mystère ensemble.

Ryan gratifia Jamie d'un rapide sourire.

– D'accord ! dit l'acteur. Je me sens déjà beaucoup mieux.

Le téléphone sonna. Ryan décrocha.

– J'arrive, répondit-il. Ils m'attendent sur le plateau. Venez !

Tandis qu'ils entraient tous les trois dans le vieux théâtre, Quinn sourit en imaginant la tête du policier, s'il les voyait. Ryan était une star, et les stars obtiennent toujours ce qu'elles veulent.

Cette fois-ci, le réalisateur tournait une scène romantique entre Ryan et le premier rôle féminin, une actrice de vingt ans nommée Coco Béatrice. Celle-ci avait un joli visage en forme de cœur, encadré par de longs cheveux noirs, et de grands yeux noirs. Elle portait une chemise de nuit blanche moulante.

Au bout d'un moment, Quinn détourna les yeux, gêné. Il avait l'impression d'espionner quelqu'un dans sa chambre à coucher. Mais la jeune actrice, très à son aise, était en grande discussion avec le réalisateur et personne ne semblait gêné. Quinn respira profondément et regarda à nouveau la scène. Force lui était d'admettre qu'elle était très belle.

Quinn et Jamie se tenaient sur le côté de la

scène, hors du champ de vision de la caméra, et regardaient Ryan et Coco déclamer leur texte.

– Quelle jolie chemise de nuit ! chuchota Jamie. C'est d'un romantisme !

– Cela tourne même à l'eau de rose ! répondit Quinn. La vision des deux jeunes acteurs s'embrassant le mettait mal à l'aise.

À la fin de la scène, le cameraman demanda de tout recommencer, Coco ayant commis une erreur de placement. Ils remirent donc tout en place. Le réalisateur observa le couple dans la caméra en louchant, puis s'écarta et le tournage reprit.

Cette fois-ci, Ryan avança trop loin et marcha sur le pied de Coco, si bien que, au lieu de lui lancer un regard amoureux, elle grimaça de douleur.

– Coupez ! cria le réalisateur, et, une fois encore, ils recommencèrent depuis le début.

À la dixième prise de vue, Quinn n'en revenait pas que les acteurs puissent ainsi répéter inlassablement le même texte avec les mêmes intonations. Le métier d'acteur était plus dur qu'il ne le pensait. Il bâillait souvent, mais essayait de rester vigilant et d'observer le bord de la scène au cas où le fantôme réapparaîtrait.

– Nous avons bien travaillé, dit enfin le réalisateur. Arrêtons-nous pour déjeuner.

Quinn se demanda si Ryan les inviterait encore à déjeuner. Celui-ci discutait sur la scène avec Coco qui gloussait à chacune de ses remarques.

– Je te rejoindrai sur le parking pour déjeuner, chuchota Quinn à Jamie, qui observait, médusée, les deux jeunes acteurs.

– Où vas-tu ?

– Je voudrais profiter du fait qu'il n'y a personne pour faire un tour dans les coulisses, expliqua Quinn.

En temps normal, Jamie aurait insisté pour l'accompagner. Mais elle resta calée dans son fauteuil, contemplant les deux jeunes gens.

Lorsqu'il était arrivé à Los Angeles, Quinn avait parfois souhaité que Jamie mène sa vie de son côté. Aujourd'hui, tandis qu'il grimpait sur la scène, sa compagnie lui manquait. Bien sûr, elle était toujours sceptique et contestait ses théories, mais n'était-ce justement pas cela la clef de la réussite de leur association. Elle était pragmatique ; il avait des idées parfois extravagantes. Ryan Drake allait-il rompre leur association ?

Fronçant les sourcils, Quinn tâta les lourds plis du rideau. À nouveau, il ne découvrit ni fente, ni trou. Le rideau était usé et brillait par endroits, comme un sofa usagé, mais il n'était pas troué, quoi que Jamie puisse en penser.

S'éloignant du rideau, Quinn alla dans les coulisses où de vieux décors étaient entassés, à l'abri du regard du public.

Le théâtre était vide, chacun s'étant précipité vers le parking pour déjeuner. La caméra était immobile ; le silence artificiel du tournage était rompu, et Quinn entendait des bruits de voix de l'autre côté de la porte, derrière la scène.

Mais ici, dans les coulisses, tout était calme. Quinn sentit à nouveau l'odeur de moisi ; soudain, un souffle froid lui effleura le visage.

Quinn frissonna. Il avait déjà éprouvé cette sensation de froid. Quelque chose de surnaturel était-il en train de se produire?

Respirant profondément, il s'obligea à se détendre. Il avança, mais ne voyait rien car il faisait noir. Soudain, du coin de l'œil, il crut voir quelque chose bouger. Mais il n'éprouvait pas cette étrange sensation – qui était si difficile à décrire – cette sensation d'une présence surnaturelle...

Un couinement le fit sursauter. Une petite forme grise se faufila entre ses jambes.

Il la poursuivit en hurlant. Mais la petite forme disparut dans le trou d'une plinthe, sous une vieille affiche défraîchie.

Quinn réalisa qu'il avait poursuivi une souris.

– Tu parles d'un médium ! soupira-t-il. Un chat de gouttière n'aurait pas fait mieux !

Heureux que personne ne l'ait vu, Quinn se dirigea vers le parking pour déjeuner.

Ryan se trouvait dans un coin, faisant le tour des tables. Jamie le suivait.

– Ah, te voilà ! lui dit Ryan. Allons chercher de quoi manger et allons déjeuner dans ma loge.

Quinn accepta tout en se demandant si l'acteur était obligé de faire la queue comme tout le monde.

En fait, dès qu'un des serveurs aperçut Ryan, il se précipita vers lui.

– Dois-je vous apporter votre déjeuner dans votre loge, monsieur Drake ? lui demanda-t-il.

– Oui, s'il vous plaît ! Et apportez aussi quelque chose pour... hum !

– Quinn et Jamie, lui souffla Quinn. Jamie regarda le jeune acteur d'un air indigné.

– Ils déjeuneront avec moi.

– Comme il vous plaira, monsieur Drake, dit le serveur en s'éloignant en courant.

Cela ne m'étonne pas que les stars de cinéma attrapent la grosse tête, se dit Quinn en suivant Ryan. Avec ces « Oui, monsieur ! », « Non, monsieur ! », « Que désire monsieur ? », n'importe qui se prendrait pour une star.

Ils venaient d'entrer dans la loge lorsque deux serveurs arrivèrent avec des plateaux. Ils déplièrent une table qu'ils dressèrent rapidement, disposant dessus des serviettes en tissu, des assiettes, des couverts en argent et toutes sortes de plats qui sentaient fort bon. Quinn entendit son estomac gargouiller.

– Servez-vous ! leur dit Ryan dès que les serveurs furent partis.

Quinn prit une assiette et se servit de salade.

– Prends ta fourchette ! lui chuchota Jamie, gênée, en le voyant saisir une part de pizza à la main.

Ryan l'imita, ignorant les couverts de service.

Quinn toisa du regard Jamie, l'air de dire : « Je te l'avais bien dit ! » Elle rougit. Ils mangèrent en silence, tandis que Ryan étudiait son texte, révisant la scène qui devait être tournée l'après-midi.

Alors que Quinn terminait sa troisième part de pizza, Ryan rangea son texte et ferma à demi les yeux.

– Pourquoi penses-tu qu'il y a un fantôme sur le plateau ? lui demanda-t-il abruptement.

– Je ne sais pas, répondit Quinn en haussant les épaules. Nous n'avons aucune preuve de son existence pour le moment.

– Qu'est-ce que cela serait, sinon ? Je l'ai vu se volatiliser. Je m'en fiche de ce que dit la police. Je sais mieux qu'eux ce que j'ai vu.

La sincérité de Ryan ne pouvait être mise en doute. Ou il était meilleur acteur que ce que pensait Quinn, ou il avait vraiment vu l'homme masqué.

– C'est un film d'horreur, n'est-ce pas ? Peut-être...

– Mais Hollywood produit d'innombrables films d'horreur ; ils ne peuvent pas être tous hantés, dit Jamie qui semblait avoir retrouvé son pragmatisme habituel.

Quinn était heureux de voir son associée revenir à son état normal.

– C'est vrai, dit-il.

Ryan tambourina avec ses doigts sur la table.

– Je ne sais pas. L'un de nos cameramen a participé au tournage de La nuit du Zombie. Selon lui, de drôles de choses se seraient passées sur le plateau. Tous les matins, les « corps » en plastique changeaient de place ; il en avait la chair de poule.

– Sans doute s'agissait-il d'une farce, dit Quinn. On ne peut pas croire toutes les histoires qu'on entend.

Cette fois-ci, Jamie ne renchérit pas, mais observa Ryan.

– Oui, mais... dit Ryan.

Il fut interrompu par la sonnerie du téléphone. Ryan fit la moue, mais décrocha.

– Entendu, j'arrive ! dit-il. Le tournage va reprendre. Allons-y !

L'après-midi, le tournage se passa sans problème.

Tout en regardant vers les coulisses, Quinn se demanda si Ryan avait toujours aussi peur. Le jeune acteur allait-il leur demander de revenir le lendemain ?

Lorsque le réalisateur cria « Coupez ! », Quinn s'aperçut que Ryan n'était plus sur le plateau.

L'acteur les fit appeler dans les coulisses et fit signe à une femme qui le démaquillait.

– Un instant, Cindy ! Quinn, j'ai une idée !

Quinn attendit.

– De quoi s'agit-il ? finit-il par demander.

– Je voudrais que toi et Jamie me rejoigniez ce soir ici, juste avant minuit, lui dit Ryan, visiblement très excité.

– Au milieu de la nuit ? Pourquoi ?

Quinn avait le sombre pressentiment que la réponse n'allait pas lui plaire.

– Pour une séance de spiritisme ! répondit Ryan en baissant la voix.

6
Une séance de spiritisme

– Je ne sais pas, dit Quinn lentement. Je ne suis pas sûr que Maggie nous autorise à sortir au milieu de la nuit.

Le jeune acteur éclata de rire. Quinn avait l'impression d'être un petit garçon de deux ans. Il se sentait tout rouge. Il essaya de réfléchir à ce qu'il pouvait dire. Le voyant hésiter, Jamie lui enfonça un coup de coude dans les côtes.

– Nous ferons de notre mieux, promit Jamie.

Ils quittèrent le théâtre et marchèrent un moment en silence. Quinn regarda Jamie.

– Tu sais bien que ta mère ne sera jamais d'accord, lui dit-il.

– Je la supplierai ! Jamie plissa les yeux d'un air suppliant. Je lui expliquerai combien c'est vital pour Ryan. Elle comprendra.

Quinn haussa les épaules et baissa les yeux vers le trottoir. Poussée par la brise du soir, une feuille de journal les dépassa. Soudain, des freins grincèrent : une voiture venait d'éviter de justesse une vieille femme qui traversait la rue. Quinn espérait presque que Maggie dirait non. Ryan pouvait bien les prendre pour des bébés, au moins Quinn aurait une bonne excuse.

Et si vraiment cette séance avait lieu, que se passerait-il si Quinn ne réussissait à rien ? Même son père n'avait jamais dirigé de séance de spiritisme – il disait qu'elles étaient toujours truquées. Et Quinn n'arrivait pas à la cheville du grand médium Roark McMann. Il aurait vraiment l'air stupide. Complètement stupide. Pourquoi avoir accepté ?

– Jamie, dit-il. Et si cela ne marche pas ? Comment sais-tu que je suis capable de faire apparaître ce fantôme ?

Jamie s'arrêta au coin de la rue, attendant que le feu passe au vert.

– Viens ! dit-elle, en traversant la rue. Quinn la suivit. Bien sûr que tu réussiras. Je te fais entière confiance. Tu as bien fait apparaître une momie. Et elle t'a parlé, en anglais.

– Cela n'a rien à voir, balbutia Quinn. La momie avait besoin de parler à quelqu'un ; ce fantôme, si tant est qu'il s'agisse d'un fantôme, nous ignorons s'il a quelque chose à nous dire.

Mais Jamie ne l'écoutait plus. Quinn avait le sombre pressentiment qu'elle ne pensait qu'à

Ryan Drake, excitée à l'idée de vivre une aventure nocturne avec l'idole après laquelle soupiraient tant de jeunes Américaines.

Cette affaire était décidément stupide. Mais Maggie dirait certainement non.

Lorsqu'ils arrivèrent à l'appartement, Maggie était dans l'entrée, examinant une pile de courrier. Elle avait toujours les clefs de sa Jeep dans la main et arrivait sans doute tout juste du studio.

– Bonjour les enfants ! leur dit-elle en souriant. Comment s'est passé le tournage aujourd'hui ? Avez-vous encore vécu quelque aventure passionnante ?

– Non, répondit Jamie. Par contre, nous avons eu une idée géniale.

Maggie posa son courrier pour écouter. Quinn étouffa un gémissement. D'habitude il était content que Maggie leur prête attention, lorsqu'ils avaient quelque chose à lui dire. À ce moment précis, il souhaitait qu'elle fasse partie de ces parents qui refusent systématiquement toute demande inhabituelle.

– Voici de quoi il s'agit, commença Jamie.

Il était vingt trois heures quarante-cinq à la montre de Quinn lorsqu'ils frappèrent à la porte du théâtre. Il se demanda un instant si le gardien était encore là. Mais il avait d'autres soucis plus importants en tête.

Ryan ouvrit lui-même la porte. Le jeune acteur leur adressa un signe, comme s'ils étaient des conspirateurs se connaissant de longue date.

– Vous voilà ! Bravo ! s'exclama-t-il. Je savais bien que vous ne me laisseriez pas tomber. Entrez !

Quinn entra, suivi de Jamie qui marchait la tête basse, et de Maggie. Ryan la regarda, étonné.

– Maggie Anderson ! Mais je ne veux pas d'une journaliste ici ! Je n'ai même pas dit à Jack ce que nous allions faire.

– Alors comment êtes-vous entré ici ? demanda Quinn, poussé par la curiosité.

Ryan sourit.

– J'ai dit au régisseur que je voulais répéter une scène tout seul, tard le soir, pour me mettre dans l'ambiance. Il a prévenu la sécurité.

Maggie leva les mains, comme pour montrer qu'elles étaient vides.

– Ni caméra, ni micro ! dit-elle. Ce soir, je suis juste une maman. Je vous promets que rien ne sera enregistré.

Ryan la regarda, sceptique.

– Vous pouvez faire confiance à ma mère, s'écria Jamie. Si elle dit que rien ne sera enregistré, c'est vrai !

– Très bien ! répondit Ryan. Entrez ! Nous avons déjà installé la table.

Nous ? Qui d'autre était là ? Une petite table et plusieurs chaises étaient installées au fond de la scène, loin de la partie qui s'était effondrée.

Coco Béatrice était assise sur une des chaises. Le visage de Jamie s'allongea.

– Je ne peux pas vous garantir que cela marchera, dit Quinn d'une petite voix presque inaudible. Je n'ai encore jamais fait cela.

– Cela vaut le coup d'essayer, répondit Ryan d'un ton rassurant.

Facile à dire ; ce n'était pas lui qui se couvrirait de ridicule si rien ne se produisait. Quinn suivit néanmoins Ryan et chacun s'assit autour de la table. Les chaises grincèrent. Comme les autres, Quinn se rapprocha de la table. Il effleura le plateau de la table ; il était léger et un peu gondolé.

Jamie se trouvait à sa droite, puis Coco, puis Ryan, puis deux chaises vides, pourquoi en avait-il installé autant ? Maggie était assise à sa gauche.

– Un instant, j'ai oublié les bougies ! dit Ryan en se levant et il alla fouiller dans un sac, au bord de la scène.

– Tu penses vraiment que tu peux faire apparaître un fantôme ? demanda Coco d'une petite voix aiguë ; elle se pencha par-dessus la table en attendant la réponse de Quinn.

Elle était vraiment belle, pensa Quinn, même sans maquillage. Elle le fixait de ses yeux noirs avec curiosité. Jamie lui donna un coup dans la cheville et il sursauta.

– Euh ! Je ne sais pas ! répondit-il. Brillante réponse, Sherlock. Mais la jeune actrice avait déjà détourné les yeux.

Ryan revint avec des bougies blanches. Il les enfonça dans un bougeoir, alluma avec une allu-

mette et posa le bougeoir délicatement au milieu de la table.

– Maintenant, éteignons la lumière. Il tourna l'interrupteur et les projecteurs s'éteignirent.

Quinn sentit sa gorge se serrer. Le fond de la scène était plongé dans le noir. Les visages au-dessus de la table paraissaient étranges à la lueur des bougies. Maggie, qui jusqu'alors semblait plutôt amusée, cessa de sourire.

Jamie lança un coup d'œil par-dessus son épaule. Coco écarquillait ses yeux veloutés.

– Et maintenant ? demanda l'actrice.

– Donnons-nous la main, dit Ryan. Nous avons agi ainsi dans un de mes premiers films, expliqua-t-il à Coco. À Quinn maintenant de faire le reste !

Jetant un regard dépité vers Ryan, Jamie saisit la main de Quinn d'un côté et celle de Ryan de l'autre.

Tous avaient les yeux rivés sur Quinn. Il regrettait de ne pas avoir vu le film dont parlait Ryan ; personne ne lui avait donné le scénario.

Devait-il dire quelque chose ? Il sentit des gouttes de sueur perler sur son front et ses épaules se raidirent. Et s'il ne réussissait pas ? Il essaya de chasser ses doutes et d'imaginer ce que son père aurait fait à sa place.

Les bougies vacillèrent, projetant sur les murs des ombres noires qui tremblaient. Coco frissonna. Même Maggie semblait sérieuse. Jamie avait les yeux brillants. Ryan semblait de plus en plus excité. Quinn se sentit devenir fou avec tous ces yeux braqués sur lui.

– Fermons tous les yeux et concentrons-nous, dit-il. Au moins, ainsi, cesseraient-ils de le regarder. Il essaya lui-même de se concentrer et ferma les yeux.

Il lui fallait rentrer à l'intérieur de lui-même pour éprouver ce sentiment très particulier que parfois il ressentait. Mais, d'habitude, il n'avait pas besoin de faire d'efforts, sauf dans le cas de la momie ; mais c'était parce qu'ils étaient en danger de mort. Cette nuit, dans le théâtre sombre, malgré les ombres qui dansaient, Quinn ne sentait rien. Il n'y avait rien. Il perdait son temps. Il allait le dire lorsqu'un bruit aigu déchira le silence.

Jamie sursauta et Coco poussa un petit cri.

– Qu'est-ce que c'est ? s'écria l'actrice.

Quinn ouvrit les yeux, perplexe. Maggie regarda autour d'elle. Ryan sourit, triomphant.

– Je savais que tu réussirais, murmura le jeune homme. Surtout ne faites pas de bruit pour ne pas l'effrayer. Puis, se tournant vers l'obscurité, il demanda :

– Est-ce toi, le fantôme ?

On entendit à nouveau un bruit et la table sembla bouger légèrement.

Quinn, lâchant les mains de ses voisins, toucha la table, espérant ressentir cette impression toute particulière. S'il y avait vraiment un fantôme ici, pourquoi ne ressentait-il pas sa présence ? Aurait-il perdu ses pouvoirs extrasensoriels ?

– As-tu quelque chose à nous dire ?

Il y eut à nouveau un bruit. Ryan allait parler lorsqu'un fracas épouvantable retentit dans la salle, derrière eux. Tous se retournèrent, essayant de percer l'obscurité.

Une forme noire émergea des fauteuils ; sa tête avait une forme allongée, avec comme des mèches tout autour.

– Le fantôme ! cria Coco.

7
Un fantôme au chapeau

– Que se passe-t-il ici ? demanda l'étrange silhouette en s'approchant du rond de lumière. La curieuse coiffure s'avéra être un chapeau à larges bords, orné de grandes roses.

Quinn avait reconnu la voix : c'était Emmaline Potski.

Ryan, un moment étonné, retrouva bientôt son aplomb habituel.

– Nous... hum ! nous sommes en train de répéter une scène de mon film, dit-il d'un ton qui semblait sincère. Quel bon acteur ! Il se leva et se précipita vers l'interrupteur. La lumière jaillit.

Quinn regarda Jamie, mais celle-ci, comme d'habitude, avait les yeux rivés sur Ryan. Quinn soupira. D'habitude, ils communiquaient facilement, lui et Jamie, et cela lui manquait. Voyant son attention totalement absorbée par Ryan, il réalisa combien son jugement lui importait.

– Et vous, madame Potski, que faites-vous ici au milieu de la nuit ? demanda Maggie, d'une voix polie, mais sévère.

Quinn lança un bref coup d'œil vers Emmaline. Elle leva la tête et les roses ornant son couvre-chef s'agitèrent.

– Je venais examiner l'état de ce joli théâtre. J'espère toujours que nous réussirons à le sauver. Ce serait si dommage de détruire un édifice aussi chargé d'histoire.

– N'avez-vous pas peur du fantôme ? demanda Coco d'une petite voix aiguë en regardant les ombres qui dansaient sur les murs.

– Quel fantôme ? Voyons, les fantômes n'existent pas ! Ce sont des truquages inventés pour les besoins d'Hollywood. Vous êtes bien placée pour le savoir, madame !

– Comment êtes-vous entrée ici ? l'interrompit Jamie qui semblait soudain redevenir elle-même. Quinn hocha la tête, ravi que son associée retrouve son habituel bon sens.

– Il est interdit par la loi d'entrer de force dans une propriété privée, enchaîna Ryan.

– Je n'ai pas violé la loi, jeune homme, répondit Emmaline. Les manifestations non-violentes sont autorisées aux États-Unis !

– Mais comment êtes-vous entrée ici ? répéta Jamie.

– J'ai une clef.

– Comment l'avez-vous obtenue ? demanda Quinn.

– Pendant un an, le groupe de sauvegarde du patrimoine dont je fais partie a récolté des fonds pour acheter le Roxy et le transformer en théâtre de quartier. Malheureusement nous n'avons pas obtenu assez et la société de production a fait une offre plus intéressante. Lorsque nous sommes venus voir l'état du théâtre, j'ai emprunté une clef au propriétaire et... euh ! j'ai oublié de la lui rendre.

– Le réalisateur sera très intéressé de l'apprendre, murmura Ryan.

– La police aussi, sans doute, ajouta Jamie, juste assez fort pour que Quinn l'entende.

Ryan sortit de sa poche un téléphone portable.

– Allô, la sécurité ? Envoyez-nous quelqu'un immédiatement.

Cette femme respectable, affublée de grands chapeaux, aurait-elle la bêtise de recourir à la violence pour sauver le théâtre ? Quinn observa Emmaline Potski, se demandant jusqu'où elle était capable d'aller.

Son apparition inattendue avait eu au moins le mérite d'interrompre la séance de spiritisme. En la présence d'Emmaline et de son chapeau excentrique, l'effrayant fantôme semblait se transformer en un monstre de papier sorti tout droit d'un scénario.

Le type de la sécurité arriva et emmena Emmaline. Cette fois-ci, la femme au chapeau ne résista pas.

– J'ai vu ce que je voulais voir, déclara-t-elle tout en refusant de rendre au gardien la clef du théâtre. Que ferez-vous si je ne vous la donne pas ? Vous vous lancerez à ma poursuite ? me mettrez les menottes ?

– Non, madame, je ne suis pas de la police, répondit le gardien. Nous ferons simplement changer les serrures.

Haussant les épaules, Emmaline sortit une clef de sa poche qu'elle tendit au gardien.

– Je reviendrai, lança-t-elle, tandis que le gardien la faisait sortir.

Après son départ, tous restèrent silencieux. Même Ryan semblait avoir renoncé à entrer en contact avec le fantôme.

– La séance avait bien commencé, lança-t-il. Peut-être pourrons-nous la poursuivre une autre fois ?

Peut-être que non, se dit Quinn.

– Il est temps de rentrer, dit Maggie, tandis que Ryan et Coco s'en allaient ensemble, sous le regard dépité de Jamie. Elle et Quinn suivirent Maggie jusqu'à sa Jeep garée sur le parking.

– Tu t'en es bien sorti malgré tout ! chuchota Jamie, tandis que sa mère ouvrait la porte de la voiture et montait dedans.

Quinn secoua la tête.

– Il n'y avait personne, Jamie !

Elle le regarda.

– Mais nous avons entendu des bruits. Le fantôme essayait de communiquer.

Quinn repensa aux ombres qui dansaient sur la scène, à la lueur de la bougie, créant une atmosphère troublante.

– Je sais que l'atmosphère s'y prêtait et que nous avons entendu quelque chose. Mais je ne sais pas quoi. Je crois que tout cela était truqué.

– Qu'est-ce que tu racontes ? s'écria Jamie en grimpant à l'arrière de la Jeep et en bouclant sa ceinture de sécurité. Quinn s'assit à côté d'elle et Maggie démarra.

– Je te dis simplement que je n'ai rien ressenti de semblable à ce que j'ai déjà pu ressentir par le passé, répondit Quinn à voix basse.

– Cela ne veut pas dire que le fantôme n'était pas là, répliqua Jamie d'un ton tranchant. Elle respira profondément et contempla la nuit noire à travers la vitre.

Quinn se sentait de plus en plus découragé. Voilà que Jamie, à son tour, doutait de ses capacités. Bravo ! Il avait toujours espéré qu'en vieillissant il deviendrait aussi fort que son père et pourrait aider les autres comme lui. Au lieu de cela, ses dons manifestement faiblissaient.

Quinn appuya sa tête contre la vitre glacée. Jamais il ne serait l'égal de son père.

Le lendemain matin, Quinn aurait bien fait la grasse matinée, mais Jamie surgit dans sa chambre dès six heures du matin.

– Réveille-toi ! Le tournage a déjà commencé et nous avons promis à Ryan d'être avec lui sur le plateau !

Quinn bâilla et se leva à contrecœur. Il s'habilla et descendit à la cuisine où il se fit griller un petit pain.

– Viens, lui cria Jamie de la porte. Elle avait dû se lever de bonne heure. Ses cheveux roux étaient légèrement humides et elle portait un nouveau T-shirt de couleur vive sur lequel elle avait accroché son badge.

Maggie était déjà partie au studio. Quinn sortit de l'appartement, mastiquant son petit pain. Jamie allait-elle rester entichée de ce Ryan Drake encore longtemps ?

– J'ai discuté avec maman avant qu'elle ne parte, dit Jamie. Elle n'est pas sûre que nous ayons eu un contact surnaturel cette nuit. Veux-tu prendre le bus pour aller au théâtre ?

Quinn regarda l'autobus qui s'arrêtait au croisement ; il était bondé.

– Mieux vaut marcher, ce n'est pas loin, répondit-il. Il aurait dû être content que Maggie partage son avis à propos des événements de l'autre nuit, mais curieusement cela le laissa de marbre.

Jamie acquiesça, puis, regardant sa montre, elle accéléra le pas.

Quinn, doublant une femme avec une poussette, la rattrapa. La journée s'annonçait chaude ; il ferait sûrement très chaud dans le théâtre à cause des projecteurs.

Pourquoi Ryan tenait-il tant à leur présence sur le plateau. Ses inquiétudes semblaient s'être évanouies. Il avait apparemment apprécié la séance de la nuit dernière. Sans doute en aurait-il bientôt assez de les voir traîner au théâtre.

C'est ce que Quinn espérait en tout cas. Vu la chaleur, il aurait préféré être sur la plage que regarder Ryan Drake jouer une scène interminable.

Lorsqu'ils arrivèrent au théâtre, Emmaline – malgré sa nuit agitée – était à nouveau là avec sa pancarte « SAUVEZ LE ROXY ! ». Elle était accompagnée d' une adolescente à peine plus âgée que Jamie et Quinn qui brandissait une pancarte avec l'inscription : « LE PASSÉ DOIT ÊTRE CONSERVÉ ! ».

Il n'y avait aucun journaliste en vue et le gardien qui commençait à bien les connaître leur fit signe d'entrer.

Aujourd'hui, le réalisateur tournait une scène d'action. Ryan insista pour jouer lui-même la première partie de la scène. Le balcon avait été consolidé pour des raisons de sécurité. Ryan attrapa une corde qui pendait par-dessus.

Jamie le regarda, médusée.

– Il y a des matelas pneumatiques en dessous, en dehors du champ de vision de la caméra, ne put s'empêcher de murmurer Quinn.

Jamie le fusilla du regard et il se tut. À la fin de la première séquence, Ryan fut remplacé par un cascadeur qui, suspendu à la corde, traversa toute la salle. Il le fit deux fois de suite, avec manifestement un grand plaisir. Quinn l'observa avec beaucoup d'intérêt.

Ryan vint les rejoindre.

– Tu t'es bien débrouillé la nuit dernière, dit-il à Quinn.

– Que voulez-vous dire ? demanda Quinn, l'air surpris.

– Pour entrer en contact avec le fantôme, évidemment ! Ryan regarda Jamie qui se redressa. On n'a pas parlé de notre séance ce matin à la télévision.

– Bien sûr que non, répondit Jamie sèchement, puisque maman vous avait promis que ce ne serait pas enregistré.

– Dommage ! dit une voix derrière eux. Cela aurait fait un peu de publicité. Vous auriez dû m'inviter, les enfants.

Ryan prit un air songeur, tandis que Jamie jetait un regard furieux à Max, l'agent de Ryan, qui venait de les rejoindre.

– Nous n'avons pas fait cela pour la publicité, rétorqua-t-elle. Ryan voudrait savoir si sa chute est, oui ou non, un accident. Il a également reçu une lettre de menace, au cas où vous l'auriez oublié !

– Je sais ! répondit Max.

Ryan avait-il eu l'intention de parler de la séance de spiritisme à la presse ? Quinn était furieux. Il n'avait aucune envie d'être utilisé à des fins publicitaires !

– Nous pouvons refaire une tentative cette nuit, proposa Ryan, et vous serez le bienvenu, Max.

– Je ne suis pas d'accord, dit Quinn.

Il se leva brusquement et s'en alla, Jamie sur ses talons.

– Pourquoi ? demanda-t-elle. Que crains-tu ? Est-ce simplement parce que tu doutes de tes capacités ?

– Il ne s'agit pas de cela, répliqua Quinn sèchement. Si Ryan veut m'utiliser pour un coup de publicité pas cher, je ne marche pas !

– C'est sa vie qui est en jeu. Ce n'est pas toi qui as reçu une lettre de menace ! s'enflamma Jamie, les yeux brillants d'émotion.

– Comment savons-nous qu'elle est vraie ? répondit Quinn calmement.

– Comment savons-nous qu'elle ne l'est pas ? Ne veux-tu pas tenter ta chance ?

Quinn hésita. Jamie tapa du pied.

– Tu ne l'aimes pas, uniquement parce que c'est une star. Tu es jaloux ?

Une voix interrompit Quinn au moment où il allait répondre.

– Eh, les enfants ! Ryan vous attend dans sa loge pour déjeuner. C'était Max. Son regard allait de l'un à l'autre. C'est une offre de paix. Ryan est un chic type, vous savez !

Quinn aurait bien refusé, mais il redoutait la colère de Jamie qui risquait de réitérer ses accusations stupides. Jaloux, lui ?

– Nous irons le rejoindre, dit Quinn d'un ton posé, sans que son regard ne croise celui de Jamie.

Ils suivirent Max en silence jusqu'à la loge de l'acteur.

Max frappa à la porte.

– Entrez ! répondit Ryan.

En entrant dans la caravane, Quinn sentit une bouffée d'air frais. Les plats étaient déjà sur la table au milieu de laquelle trônait une superbe corbeille de fruits.

– Servez-vous ! leur dit Ryan en se démaquillant et en buvant du thé glacé. Il fait très chaud aujourd'hui, vous ne trouvez pas ?

Quinn hocha la tête d'un air maussade, vexé par les remarques de Jamie.

– Tout cela m'a l'air bien bon, lança Jamie en s'approchant de la table où Max était déjà en train de se servir.

– Je n'ai nullement l'intention de te forcer à faire quelque chose qui te déplaît, dit Ryan à Quinn. Mais, franchement, tu as bien réussi la nuit dernière !

Comment leur faire comprendre qu'il n'y était pour rien dans ce qui s'était passé ? La confiance que Ryan lui témoignait mettait Quinn encore plus mal à l'aise.

– Ce n'est pas aussi simple, commença-t-il.

– Je crois que tu t'inquiètes trop ! dit le jeune acteur. Déjeune et détends-toi. C'est ce que me disait mon professeur lorsque j'avais le trac. C'était amusant ce matin, non ?

– Vous avez vraiment été courageux de vous élancer ainsi par-dessus le balcon ! s'écria Jamie.

Quinn prit une assiette, l'air renfrogné. Qu'y avait-il de si courageux à s'accrocher à une corde lorsqu'il y avait un matelas pneumatique en dessous pour vous réceptionner au cas où ? C'était le cascadeur qui avait pris tous les risques. Quinn en avait assez de tous ces truquages. Comment démêler le vrai du faux lorsque l'on regardait un film ?

Tandis que Quinn se servait des pâtes, bien décidé à ne plus participer à aucune séance de quoi que ce soit, Ryan prit une grosse pomme dans la corbeille de fruits.

– J'adore les scènes d'action, dit-il à Jamie en mordant dans la pomme. Soudain il fit la grimace.

– Que se passe-t-il ? marmonna Max, la bouche pleine.

– Cette pomme m'a l'air pourrie, répondit Ryan. Brusquement il devint livide et jeta la pomme à la poubelle. Je ne me sens pas bien.

Il se pencha en avant en se tenant le ventre. Grimaçant de douleur, il se précipita vers la salle de bains.

– Ryan, que se passe-t-il ? cria Max, effrayé, en le suivant.

Manifestement l'acteur n'allait pas bien. Ils l'entendaient qui vomissait. Max revint et se rua sur le téléphone. Il composa le 911 et cria dans le combiné :

– Ryan Drake a été empoisonné. Venez vite !

Il ouvrit la porte de la caravane et fit signe à un machiniste qui passait.

– Allez vite chercher le médecin !

Le machiniste s'éloigna en courant et Max se précipita dans la salle de bains.

Jamie était aussi pâle que Ryan.

– Crois-tu qu'il va mourir ? chuchota-t-elle à Quinn.

– J'espère que non ! répondit Quinn, la gorge serrée.

– Et toi qui croyais que les lettres de menace étaient des fausses ! lui lança-t-elle comme si c'était de sa faute.

– C'est ce qu'a dit la police, protesta Quinn.

Le médecin entra alors sans frapper.

– Il est dans la salle de bains, lui dit Quinn.

Le médecin se précipita dans la salle de bains d'où provenaient des bruits inquiétants. Au bout d'un moment qui lui parut une éternité, l'équipe de secours arriva. Les ambulanciers allongèrent Ryan sur une civière. L'acteur était toujours livide, les yeux vitreux.

– Est-il en danger ? demanda Jamie.

– Nous le saurons bientôt, répondit le médecin. Tandis que Ryan était transporté dans l'ambulance, le réalisateur arriva en courant, l'air inquiet. Il monta dans une voiture avec Max et tous deux suivirent l'ambulance jusqu'à l'hôpital.

Quinn et Jamie restèrent seuls dans la caravane. Quinn posa son assiette sur la table. Il n'avait plus faim du tout.

– Ne touche pas à la corbeille de fruits, dit-il à Jamie qui s'approchait de la table. C'est une pièce à conviction.

Jamie retira sa main, tout en montrant du doigt une petite plume accrochée à la corbeille.

– Tu vois ça ?

– Eh bien oui, c'est une plume ! répondit Quinn. Et alors ?

– Cela me rappelle quelque chose, lui dit Jamie. Quinn, c'est une plume de chapeau ! Emmaline !

8

Du poison

Lorsque la police revint prendre la corbeille de fruits, elle interrogea rapidement Quinn et Jamie, puis posa des scellés sur la caravane, en attendant le diagnostic des médecins.

Du parking où il faisait une chaleur étouffante, Quinn et Jamie regardèrent la voiture de police s'éloigner.

– La police aurait dû prendre plus au sérieux la lettre de menace, dit Jamie. Comment peut-elle agir aussi à la légère lorsqu'il s'agit d'un grand acteur comme Ryan ?

Quinn haussa les épaules. Mais son visage changea soudain d'expression lorsque Jamie, croisant les bras, déclara :

– Je vais aller voir Emmaline Potski.

– Pour quoi faire ? lui demanda-t-il en la rattrapant.

– La plume que nous avons trouvée dans la corbeille vient de l'un de ses chapeaux !

– La police le vérifiera elle-même.

– Peut-être, mais cela ne nous empêche pas d'aller la voir tout de suite, répondit Jamie.

Elle ne pouvait supporter l'idée de ne rien faire, tandis que Ryan luttait peut-être contre la mort. Elle essaya de chasser de son esprit la vision de son visage pâle et de ses yeux vitreux.

Mais Emmaline et sa jeune amie n'étaient pas devant le théâtre.

– Elle a dû rentrer chez elle, dit Quinn. Il fait trop chaud pour manifester aujourd'hui. C'est très bien ainsi. Laissons la police faire son travail.

– Comment peux-tu dire une chose pareille ? Je croyais que tu aimais autant que moi résoudre des mystères ! lança Jamie en regardant son associé.

Quinn haussa les épaules.

– C'est exact, mais comment trouver où elle habite ? Et ne devrais-tu pas raconter à ta mère ce qui s'est passé ?

– Tu as raison. Jetant un coup d'œil aux alentours, Jamie repéra une cabine téléphonique. Décrochant le combiné, elle appela sa mère au studio.

– Maggie Anderson, s'il vous plaît ! De la part de sa fille, Jamie, dit-elle à la standardiste.

Quelques instants plus tard, sa mère lui

répondit. Jamie lui raconta brièvement l'incident.

– J'y vais tout de suite, dit Maggie. Sais-tu dans quel hôpital il est... Ce n'est pas grave, je vais me débrouiller et essayer d'obtenir une déclaration de la police. Où es-tu ? Toujours au théâtre ?

– Ils vont sans doute fermer le théâtre cet après-midi, répondit Jamie. Cette supposition semblait raisonnable, car, lorsqu'ils étaient sortis du parking, l'équipe du film tournait en rond, l'air hébété. Nous rentrerons à la maison dans un moment.

Ils rentrèrent en effet, mais après un petit détour par chez Emmaline Potski ! Sa mère, Jamie en était sûre, aurait refusé qu'elle aille voir une femme que Jamie elle-même soupçonnait d'avoir voulu empoisonner l'acteur. Mais que risquait-elle ? Quinn était avec elle et ils n'accepteraient évidemment aucun fruit chez elle !

Jamie décrocha le téléphone tout en feuilletant l'annuaire. Soudain le nom de Potski lui sauta aux yeux. Potski, Emmaline.

– J'ai trouvé, s'écria-t-elle. Quinn se pencha pour lire l'adresse.

– Ce n'est pas loin d'ici. Allons-y !

Jamie laissa retomber l'annuaire qui se balança au bout de sa chaîne et tous deux sortirent en trombe de la cabine. L'air était chaud et irrespirable. À un moment, ils tournèrent du mauvais côté, mais, revenant sur leurs pas, ils finirent par trouver la petite rue qu'ils cherchaient.

– Nous y sommes ! s'écria Jamie. Entrant dans l'immeuble, elle regarda les boîtes aux lettres.

Potski : appartement 2C, annonça-t-elle.

– Que vas-tu lui dire ? lui demanda Quinn en grimpant les escaliers. « Avez-vous essayé de tuer Ryan Drake ? » Elle ne l'avouera jamais, même si c'est elle !

– J'ai une idée, murmura Jamie en arrivant au premier étage.

Ils longèrent le couloir extérieur et, avant même d'être arrivés à l'appartement d'Emmaline Potski, ils reconnurent sa voix.

La porte de l'appartement était entrebâillée et les fenêtres étaient grandes ouvertes pour faire entrer un peu d'air. On entendait le ronronnement d'un ventilateur et plusieurs voix différentes.

– L'amour n'a jamais suivi un cours facile, dit une voix ; tantôt...

Que diable se passait-il ? Jamie franchit la porte et lança un coup d'œil dans l'appartement. À sa grande surprise, un groupe d'enfants était rassemblé dans une pièce accueillante, comportant plusieurs canapés et des tables en pin. Des livres et des feuilles de papier traînaient un peu partout. Les meubles avaient été poussés dans un coin et deux jeunes enfants étaient debout au milieu de la pièce, un manuscrit à la main.

– Mais ce sont nos passionnés de cinéma ! dit la voix d'Emmaline. Que venez-vous faire ici ?

Jamie se retourna ; Emmaline Potski était

debout dans un coin de la pièce, tenant un manuscrit d'une main et ses lunettes de l'autre. Cette fois-ci, elle portait un chapeau en jean orné de grands tournesols. Fronçant les sourcils, elle attendait la réponse de Jamie.

– Nous voulions juste vous remercier pour la superbe corbeille de fruits que vous avez envoyée à Ryan. Nous avons pensé que vous aviez peut-être changé d'avis à propos du théâtre, déclara Jamie d'un ton qui se voulait sincère. Ce rôle était plus difficile à tenir qu'elle ne l'aurait cru, d'autant que la femme qui lui faisait face était peut-être une criminelle.

– Quelle corbeille de fruits ? Je n'ai rien envoyé à Drake. Mon nom figure-t-il sur la carte ? demanda Emmaline d'un air contrarié.

– Il n'y avait pas de carte, répondit Jamie d'une voix mal assurée. Mais je pensais...

– Ce n'est pas moi qui l'ai envoyée, je vous assure, et je n'ai pas non plus changé d'avis à propos du théâtre. C'est une honte de détruire ce joli théâtre. Tout cela pour le remplacer par une supérette ! Si nous n'avons pas manifesté aujourd'hui, c'est uniquement parce que nous devions répéter cet après-midi.

Emmaline fit un petit signe de tête à l'adolescente qui avait manifesté avec elle le matin-même. Elle tenait à la main un manuscrit.

– Nous répétons *Le Songe d'une nuit d'été,* expliqua Emmaline. Ma nièce Doreen joue Hermia. La jeune fille blonde leur sourit. Jamie se demanda s'ils se trouvaient vraiment dans l'appartement d'une criminelle. Tout semblait si normal, brusquement.

Emmaline leur présenta les autres enfants qui les saluèrent gentiment.

– Nous avons monté un groupe de théâtre pour les enfants du quartier, poursuivit Emmaline. C'est une des raisons pour lesquelles je tiens tant à sauver le Roxy ; ce serait merveilleux si notre groupe pouvait y répéter. Pour l'instant, nous répétons où nous pouvons et jouons dans les écoles du quartier.

– Mais le Roxy s'écroule. Cela ne vaut sûrement pas la peine de le restaurer, lança Jamie.

Emmaline secoua la tête.

– Des travaux sont nécessaires, mais, selon l'avis de l'architecte, la charpente est en bon état. Mais maintenant que la société de production l'a acheté et prévoit de le détruire, notre rêve n'a guère de chance de se réaliser.

Elle soupira. Voulez-vous assister à notre répétition ? Asseyez-vous. C'est très stimulant de jouer devant un public.

Jamie ne savait pas s'il fallait ou non se méfier de cette femme. Pourquoi était-elle soudain si gentille, elle qui avait été si agressive auparavant ?

Emmaline sembla lire dans ses pensées.

– Vous êtes en si bons termes avec l'équipe de tournage ! Cela ne devrait pas vous nuire d'avoir une amie dans le camp adverse, dit-elle d'un ton candide, en leur adressant un grand sourire. C'était une belle femme. Jamie avait de plus en plus de mal à croire qu'elle avait tenté de tuer Ryan. Emmaline semblait plutôt sympathique lorsqu'elle ne manifestait pas sur le trottoir.

Jamie et Quinn s'assirent pour assister à la répétition. Décidément, c'était la semaine des acteurs, pensa Jamie. Bien sûr, les enfants du groupe d'Emmaline n'avaient pas le savoir-faire de Ryan Drake, mais ils n'étaient pas si mauvais.

Dans quel état se trouvait Ryan ? Était-il toujours vivant ? Jamie sentit son cœur s'emballer. Elle imaginait les médecins et les infirmières se presser autour de lui et ses doutes s'évanouirent. Elle devait absolument trouver qui avait essayé de le tuer. Ce n'était pas parce que cette femme était sympathique qu'elle était à l'abri de tout soupçon. Le métier d'acteur n'est que simulation, se dit Jamie. Il ne faut jamais l'oublier.

Lorsqu'Emmaline annonça une pause, Quinn vint s'asseoir à côté d'un jeune garçon brun qui avait une bonne élocution et jouait plutôt bien. Ils discutèrent tranquillement.

Jamie regarda les innombrables photographies et affiches de cinéma et de théâtre ornant les murs. S'approchant, elle observa de plus près quelques photographies représentant une fillette blonde jouant avec plusieurs stars de cinéma connues. Qui était cette petite fille ? Ses yeux lui rappelaient quelqu'un...

– Ce sont de vieilles photos, dit Emmaline en la rejoignant. Mais que de bons souvenirs !

La fillette blonde n'était autre qu'Emmaline ! Jamie la regarda fixement, tandis que la ressemblance lui sautait aux yeux.

– C'est vous ! s'exclama-t-elle, surprise. Mais vous n'êtes qu'un bébé. N'est-ce pas Marlon Brando ?

Emmaline sourit. J'étais un joli bébé dans Un tramway nommé désir !

– Waouh ! murmura Jamie, vivement impressionnée. Cela devait être passionnant de travailler avec de telles stars !

Emmaline contempla les photos.

– Rien ne me semblait plus normal que d'aller au théâtre tous les jours avec maman. Ma sœur et moi, nous tournions toujours dans un film ou un autre.

– N'avez-vous jamais voulu devenir actrice ?

Emmaline haussa les épaules.

– Au collège, l'histoire m'a fascinée – c'était la vie réelle. J'ai enseigné l'histoire pendant des années, puis me suis mariée. Mais je continue à avoir le théâtre dans le sang ; c'est pourquoi j'aide ce petit groupe lorsque je le peux.

– Emmaline, est-ce que nous répétons la scène suivante ? demanda un jeune garçon.

– Excusez-moi ! dit Emmaline en allant rejoindre les enfants.

– Désirez-vous un verre de punch ? demanda Doreen à Jamie.

Jamie se souvint de la pomme empoisonnée. Sa gorge se serra.

– Non merci, répondit-elle. Nous devons partir. Mais la répétition était très bien. Vous avez du talent.

– Merci, dit Doreen avec un large sourire. Ma tante nous aide beaucoup. Mais je me demandais...heu... est-ce que Ryan Drake ne pourrait pas venir nous donner quelques conseils ?

– Je ne sais pas, il est très pris, répondit Jamie. Le sourire de Doreen s'effaça. Mais je lui transmettrai votre requête, se surprit-elle à dire.

– Oh, merci ! s'écria Doreen.

Jamie fit signe à Quinn et tous deux prirent congé.

– C'est un groupe sympathique, dit Quinn en dévalant les escaliers.

– Certainement, répondit Jamie, tout en ne pouvant s'empêcher de repenser aux affiches de cinéma. Mais quel mobile Emmaline peut-elle avoir ?

– Que dis-tu ? demanda Quinn en faisant volte-face. Parle clairement !

– Peut-être n'est-elle pas aussi sympathique qu'elle en a l'air. Si elle veut vraiment sauver le théâtre, peut-être rend-elle Ryan responsable de sa destruction. Elle est sans doute meilleure actrice que ce que nous pensons. Elle semblait tellement déterminée lorsqu'elle manifestait hier avec ses pancartes.

– J'en ai assez des acteurs, murmura Quinn. On ne sait jamais s'il faut les croire ou non.

Jamie pensa à Ryan. Il fallait qu'elle sache

comment il allait. Elle chercha un téléphone.

Trouvant une cabine un peu plus loin, elle appela à nouveau sa mère. Cette fois-ci, Jamie dut attendre un moment. Elle sautait impatiemment d'un pied sur l'autre et des gouttes de sueur perlaient sur son front. Et si Ryan était mort et que sa mère n'osait le lui dire ?

– Allô, Jamie ? dit enfin Maggie.

– Oui, c'est moi. Comment va Ryan ? As-tu eu des nouvelles ?

– Nous venons juste d'avoir l'hôpital. Il va bien. Il n'a absorbé qu'une faible quantité de poison et a été bien soigné. Tu le verras ce soir aux informations.

Jamie poussa un soupir de soulagement, pressant le téléphone sur sa poitrine.

– Alors ? demanda Quinn.

– Il va bien, répondit Jamie. Et que dit la police ? demanda-t-elle en collant à nouveau l'écouteur contre son oreille.

– L'enquête se poursuit. La pomme contient apparemment des traces d'un insecticide courant. N'importe qui a pu l'acheter. Il a pu également être pulvérisé par mégarde sur le pommier. La police ignore s'il s'agit d'un accident ou d'une tentative d'empoisonnement.

– À combien d'« accidents » Ryan devra-t-il être confronté pour que la police s'aperçoive qu'il est réellement en danger ? dit Jamie d'un ton cassant.

– Bonne question ! approuva sa mère. Mais j'ai découvert autre chose.

– Quoi ? demanda Jamie impatiemment. Quinn s'appuya contre elle, essayant d'entendre la conversation malgré le bruit des voitures dans la rue.

– La police a recherché qui avait envoyé la corbeille de fruits. Elle a été commandée par téléphone et payée avec un numéro de carte de crédit. Devine à qui appartient la carte ?

– À qui ? Jamie imaginait sa mère souriant derrière son bureau, les yeux brillants. Qui a envoyé la corbeille de fruits ?

Le meurtrier présumé était-il Emmaline ?

À ses côtés, Quinn fronçait les sourcils, attendant la réponse.

– C'est Max Gueller, l'agent de Ryan, dit Maggie.

– Max ? Jamie regarda Quinn. L'étonnement qu'elle lut sur son visage valait le sien. Pourquoi Max aurait-il voulu tuer Ryan ?

9

Flash télévisé

– Max ? répéta lentement Quinn. Mais quel intérêt aurait-il à tuer son plus gros client ? Ryan lui rapporte de l'argent. Une fois morts, les acteurs ne reçoivent plus de cachets.

Quinn regarda Jamie qui semblait elle aussi perplexe.

– Je n'y comprends rien, moi non plus ! Fouillant dans ses poches, Jamie sortit sa carte de transport. Allons-y !

– À la maison ?

– Non, à l'hôpital. Je voudrais interroger Ryan sur ses rapports avec Max ; peut-être a-t-il un mobile.

– C'est le boulot de la police, dit Quinn. On ne nous laissera jamais entrer !

– La police essaye de déterminer s'il s'agit d'un autre « accident ». Nous pouvons élucider le mystère pendant qu'ils réfléchissent. En outre, celui qui essaye de tuer Ryan risque de refaire une tentative. Viens, allons-y !

Peut-être réussirait-elle à élucider cette affaire, se dit Quinn en la suivant. Lui-même ne résoudrait rien. Pourquoi était-il aussi mauvais? Il n'avait même pas détecté la présence du fantôme lors de la séance de spiritisme.

Le bus arriva. Ils restèrent silencieux pendant tout le trajet. Dès qu'ils descendirent, Jamie traversa la rue en courant.

– Suis-moi ! lança-t-elle à Quinn.

Celui-ci la suivit lentement, réfléchissant. Max ne pouvait pas être le meurtrier ; c'était absurde. Pourquoi aurait-il voulu se débarrasser de Ryan Drake ?

À son étonnement, Jamie ne s'arrêta pas à l'accueil, mais se dirigea directement vers les ascenseurs. Les portes s'ouvrirent et ils s'engouffrèrent dedans. Une jeune femme, portant une blouse rose et poussant un chariot rempli de magazines, leur sourit ; Quinn fit un signe de tête poli.

Ils gardèrent le silence jusqu'à l'étage suivant où la jeune femme sortit. Jamie appuya sur le 3ème.

– Que fais–tu ? murmura Quinn. Comment sais-tu où se trouve Ryan ?

– Maman a déjà fait des interviews ici. Je sais où ils mettent les gens célèbres pour qu'ils soient tranquilles. Si j'avais demandé le numéro de sa chambre en bas, ils nous auraient jetés dehors !

– Ils peuvent encore le faire, déclara Quinn d'un ton pincé.

Ils sortirent de l'ascenseur et Jamie s'engagea dans le couloir.

– Puis-je vous aider ? demanda soudain une infirmière au regard perçant.

– Nous sommes des amis de Ryan Drake, répondit Jamie.

– Vraiment ? Je crains qu'il ne reçoive pas de visite. Mieux vaut redescendre et lui laisser un message à l'accueil, en bas.

– Il veut absolument nous voir, insista Jamie, l'air sombre. Jamie Anderson et Quinn McMann. Demandez-lui.

Jamie croisa les bras en regardant l'infirmière droit dans les yeux. Celle-ci finit par décrocher son téléphone et composa un numéro. Elle parla dans le combiné. Paraissant surprise par la réponse, elle regarda Jamie, puis Quinn.

– Vous pouvez y aller, dit-elle à contrecœur. Chambre 524, à droite.

La tête haute, Jamie longea le couloir. Réprimant un sourire, Quinn se dépêcha de la rattraper.

La porte de la chambre 524 était fermée. Jamie frappa doucement.

– Entrez ! répondit une voix familière.

La chambre de Ryan était spacieuse et confortable, et remplie d'innombrables bouquets qui rendaient l'air presque irrespirable. Max, assis sur une chaise, près de la fenêtre, lisait un magazine.

Ryan était assis dans son lit. Dès qu'il les vit, il baissa le son de la télévision.

– Bonjour, les enfants ! Je suis heureux de vous voir. Je m'ennuie à mourir ici. Quoi de neuf au théâtre ?

Il avait l'air beaucoup mieux que le jour de l' « accident ». Il avait repris des couleurs et sa voix semblait presque normale.

– Pas grand-chose, répondit Jamie. Comment vous sentez-vous ?

– Beaucoup mieux que lorsque je suis arrivé ! Ryan frissonna à ce seul souvenir. J'ai dit à Jack de ne pas s'inquiéter. Cet après-midi, il va tourner quelques scènes en extérieur ; il n'a pas besoin de moi. Je reprendrai le tournage demain.

– Vous devriez vous reposer quelques jours, objecta Max, levant les yeux de son magazine. Après un tel choc !

– Nous devons surtout finir le film à temps, rétorqua Ryan en haussant le ton. Je ne tiens pas à ce qu'il soit jeté au rebut. À moins que vous ayez une meilleure proposition à me faire ?

Silence. L'agent leva les yeux vers la télévision, faisant mine de s'intéresser au jeu télévisé.

– Pas pour le moment, murmura-t-il. Mais j'y travaille.

– Je terminerai donc ce film, répliqua Ryan. Pouvez-vous assister au tournage demain, les enfants ?

– Pourquoi ? demanda Quinn sans réfléchir. Pour le moment, je ne vous ai pas été d'un grand secours. Jamie lui lança un regard de reproche et il se sentit rougir.

– J'ai besoin de vous maintenant plus que jamais ! répondit Ryan. Vous me promettez de venir ? Il fixa Quinn d'un air suppliant. Quinn respira profondément. Il ne savait toujours pas si ce type lui plaisait ou non. Mais si Ryan avait vraiment peur, il ne pouvait le décevoir.

– C'est d'accord, dit-il.

Jamie poussa un soupir de soulagement et Ryan reposa la tête sur ses oreillers. Il était plus faible qu'il n'y paraissait, remarqua Quinn.

– Je crois que nous devrions vous laisser vous reposer, dit Quinn.

Avant que Ryan ait pu répondre, Jamie demanda abruptement :

– Ryan, savez-vous qui a envoyé la corbeille de fruits ?

– La police m'a déjà posé la question. Il n'y avait pas de carte ; je pensais que c'était la société de production. Ils envoient toujours quelque chose.

– La police sait-elle qui l'a commandée ? demanda Quinn d'un ton qui se voulait le plus désinvolte possible.

– Elle a été payée avec le numéro de la carte de crédit de Max, répondit Ryan en le regardant droit dans les yeux.

– Ce n'est pas moi qui l'ai commandée,

enchaîna Max. L'idée ne m'a même pas effleuré.

– Comment quelqu'un aurait-il pu utiliser le numéro de votre carte ?

– Ce n'est pas difficile, répondit l'agent, sur la défensive. Il suffit de ramasser un reçu. Cela arrive tous les jours.

Ryan secoua la tête. Il semblait croire son agent. Il n'y avait donc pas lieu de discuter. Quinn lança un coup d'œil à Jamie et se dirigea vers la porte.

– Une dernière chose, dit-elle au jeune acteur. Lorsque vous irez mieux et que vous aurez un peu de temps...

– Je serai heureux de vous signer un autographe, répondit l'acteur en souriant. Ou bien Max vous enverra une photo dédicacée.

– Il ne s'agit pas de cela, répondit Jamie en rougissant. Ne pourriez-vous pas aller rendre visite à un groupe d'enfants qui font du théâtre ? Ils aimeraient tant que vous leur donniez quelques conseils !

Ryan fronça les sourcils.

– Ryan n'a pas beaucoup de temps libre, jeune fille ! répondit Max. Il a un emploi du temps très chargé. Il faut en parler à son agent publicitaire.

– Je comprends, dit Jamie, l'air déçu. Elle regarda Ryan, mais celui-ci détourna les yeux.

– Partons, répéta Quinn. Cette fois-ci, Jamie obtempéra.

– Je vous verrai demain, leur dit Ryan. Merci de votre visite.

Alors qu'ils se dirigeaient vers la porte, le jeu télévisé fut interrompu par un bulletin d'informations.

– Nous apprenons que le jeune acteur Ryan Drake a été hospitalisé pour des problèmes gastriques. D'après une source autorisée, il pourrait s'agir d'une tentative d'empoisonnement. Pour l'instant, la police ne se prononce pas.

Ryan regarda la télévision d'un air surpris, tandis que Jamie sursautait. Mais Max – Quinn observait l'agent – Max, s'il avait été un chat, un gros chat au poil lustré, Max aurait sûrement ronronné.

Ils refermèrent la porte derrière eux.

– Ils ont devancé maman, s'écria Jamie. Comment cette chaîne a-t-elle appris la nouvelle si vite. Y a-t-il eu une fuite à l'hôpital ?

Quinn secoua la tête.

– Je me demande si la source « autorisée » n'est pas encore plus proche de Ryan.

Il expliqua à Jamie les soupçons qu'il nourrissait à l'encontre de Max.

– Il voulait davantage de publicité, souviens-toi ! Il pense peut-être que cet accident incitera les gens à aller voir le film. Le dernier film de Ryan a été un désastre !

– Cela n'a pas été un désastre ! fit remarquer Jamie en entrant dans l'ascenseur. D'accord ce n'est pas son meilleur film, mais...

– Mais Ryan a besoin d'un coup de publicité. Je me demande jusqu'où Max est capable d'aller pour lui en faire.

Jamie le regarda, éberluée.

– Tu ne penses tout de même pas qu'il a mis Ryan en danger uniquement pour qu'il passe aux informations ?

– Je ne sais pas, mais je pense qu'il est urgent d'élucider ce mystère.

10
Le fantôme

Ils attendirent l'autobus devant l'hôpital. Pendant tout le trajet, ils discutèrent avec passion, se demandant qui était le suspect n°1.

– C'est sûrement Max, dit Jamie. Cela ne peut pas être Emmaline. Même pour sauver le théâtre, elle ne serait pas capable de tuer.

– Tu dis cela parce qu'elle a été gentille avec nous, répondit Quinn. Et la plume dans la corbeille de fruits ?

– Peut-être ne provenait-elle pas de son chapeau. Ou bien Max l'a-t-il mise dans la corbeille pour nous entraîner sur une fausse piste.

– Mais Jamie, c'est absurde ! s'exclama Quinn. Si Ryan avait été tué, Max n'aurait plus touché un seul centime.

– Peut-être Max ne voulait-il pas le tuer, mais seulement simuler une tentative de meurtre, avança Jamie. Je veux dire par là que Ryan n'est pas mort, Dieu merci ! Selon la police, la dose de poison était faible. Max veut de la publicité, tu le sais bien.

– Il y a quelque chose qui cloche, murmura Quinn. Il manque un élément.

– Si tu avais parlé au fantôme, si tant est qu'il existe, nous en saurions peut-être plus, mais...

Jamie s'interrompit en voyant la tête de Quinn. Excuse-moi, je ne voulais pas dire que...

– N'en parlons plus, dit Quinn en regardant à travers la fenêtre de l'autobus et en pensant à son père.

Son père serait-il déçu s'il le voyait en ce moment ? Roark McMann avait si bien réussi dans son travail. Non que les médiums ne se trompent jamais. Même son père avait parfois commis des erreurs. « Nous ne sommes pas comme des maçons qui posent des briques », lui avait dit son père. « Le savoir-faire manuel se maîtrise relativement facilement. Il est plus difficile de se concentrer ; parfois l'image n'apparaît pas. Il faut alors relâcher la pression. »

Il en avait bien besoin, se dit Quinn. Il avait toujours espéré travailler avec son père, entendre la police et les compagnies d'assurances appeler à l'aide les deux McMann pour élucider un mystère. Mais il n'était même pas capable de retrouver un pauvre fantôme se cachant dans les coulisses d'un vieux théâtre. Si tant est que ce fantôme existait, comme disait Jamie. Personne n'y croyait, hormis Ryan. Quinn commençait à douter de sa propre mémoire. Peut-être avait-il tout simplement imaginé ce qu'il avait vu après la chute de Ryan.

Quinn ferma les yeux, essayant d'oublier la rue encombrée et le bus bondé. Il devait savoir, une fois pour toutes, si, oui ou non, il avait des dons.

Il devait à nouveau partir à la recherche du fantôme.

Lorsqu'ils arrivèrent à l'appartement, Quinn et Jamie allèrent chacun dans leur chambre. Quinn désirait être seul un moment.

Lorsque Maggie rentra, elle prépara le dîner. Pendant le dîner, Jamie lui raconta leur visite à l'hôpital et les soupçons qu'elle nourrissait.

– Ryan va beaucoup mieux, dit-elle. Je suis soulagée, j'étais si inquiète.

– Tu crois vraiment que Max pourrait attenter à la vie de son plus gros client ? demanda Maggie en mangeant son riz avec des baguettes.

– Je ne sais pas. Quinn dit que ce serait absurde, répondit Jamie en regardant son associé. Je pense que Max n'avait pas vraiment l'intention de le tuer, mais qu'il voulait juste lui faire un peu de publicité. Max n'arrive pas à obtenir d'autres rôles pour Ryan. Je les ai entendus en parler.

– Pour ce qui est de la publicité, ils sont servis ! Toutes les chaînes parlent de la « tentative de meurtre » et désirent un interview. Mais je ne suis pas sûre d'avoir envie que vous retourniez au théâtre avec tout ce qui s'y passe.

– Mais nous l'avons promis à Ryan, répondit Jamie, l'air inquiet. C'est très amusant et nous apprenons des tas de choses. Elle jeta un coup d'œil à Quinn, espérant son soutien.

– Je suis de ton avis, dit celui-ci en hochant la tête.

– De toute façon, Max, si c'est lui, n'a aucune raison de nous faire du mal, ajouta Jamie en dévisageant sa mère d'un air anxieux.

Le regard de Maggie alla de l'un à l'autre.

– Soyez vigilants. Et s'il se passe encore quelque chose, allez-vous-en immédiatement, promis ?

– Merci, maman ! dit Jamie en poussant un soupir de soulagement.

Allait-il se passer encore quelque chose ? Ce tournage n'inspirait rien de bon à Quinn, mais il préféra se taire.

Après le dîner, ils regardèrent aux informations le reportage de Maggie sur les investissements frauduleux, ainsi que l'interview de Ryan à sa sortie de l'hôpital. « Je ne me laisserai pas effrayer par une mauvaise plaisanterie. Le film sera terminé, dit-il avec un sourire courageux. » Après les informations, ils éteignirent la télévision et jouèrent à un nouveau jeu vidéo. D'ordinaire, Quinn se débrouillait pas mal, mais ce soir-là, il était incapable de se concentrer et Jamie gagna, à sa plus grande joie.

Tous trois allèrent se coucher. Quinn resta éveillé, écoutant le ronronnement du réfrigérateur et le bruit des voitures dans la rue. L'obscurité régnant dans sa chambre était apaisante. Dans le théâtre vide, elle devait être plus inquiétante.

Quinn devait tirer les choses au clair. Il attendit une heure pour donner à Maggie et Jamie le temps de s'endormir, puis se leva et s'habilla sans faire de bruit. Il sortit dans le couloir, écoutant la respiration des deux dormeuses, puis alla dans l'entrée. Il composa le code du système de sécurité pour sortir sans déclencher l'alarme et referma doucement la porte derrière lui.

Quinn attendit l'autobus, la tête rentrée dans les épaules, essayant de dissimuler sa nervosité. Des voitures roulaient à toute vitesse dans l'avenue, tandis qu'un homme s'avançait sur le trottoir en titubant. Quinn respira profondément. Maggie ne leur permettait jamais de sortir seuls le soir.

Le bus qu'il attendait s'arrêta en faisant grincer ses freins. Quinn monta et s'assit à l'avant.

Lorsque le bus s'arrêta près du Roxy, Quinn descendit et se hâta vers le théâtre. Aucun gardien n'était visible. Le bâtiment était sombre et tranquille ; sa silhouette pâle avait quelque chose d'effrayant. Les portes étaient fermées.

Quinn s'y attendait. Il contourna le théâtre, décidé à trouver un moyen d'entrer.

Ce fut plus facile que prévu. Il trouva le gardien qui bâillait dans sa guérite. Quinn lui montra son laissez-passer.

– Oui, je me souviens de toi. Mais que fais-tu ici à une heure pareille ? s'étonna le gardien. Il est presque minuit.

Quinn prit un air contrit.

– Je sais. Mais j'ai oublié mon nouveau blouson dans le théâtre cet après-midi, et ma mère va me tuer si je ne le retrouve pas. Je n'en ai pas pour longtemps !

– J'espère que tu le retrouveras !

Le gardien bâilla à nouveau ; comme s'il sortait d'un petit somme.

– J'allais justement faire un petit tour à l'intérieur, bien qu'il n'y ait pas grand-chose à voler. Vas-y, mais tu devras te débrouiller pour sortir tout seul.

Il accompagna Quinn jusqu'à l'entrée latérale, puis s'éloigna pour faire sa ronde. Quinn attendit que le gardien ait traversé la salle et soit ressorti. Puis, prenant son courage à deux mains, il grimpa sur la scène. Il se dirigea vers le fond de la scène, passant devant les lourds rideaux là où la mystérieuse ombre s'était volatilisée le premier jour.

– Me voici ! chuchota-t-il. J'ai besoin de vous parler. Montrez-vous.

Quinn ferma les yeux et écouta le silence autour de lui. Il attendit, espérant ressentir bientôt cette curieuse sensation... Il attendit et écouta, mais ne ressentit rien.

Rien. Aucune sensation de froid, aucune voix venue d'ailleurs.

Quinn soupira, découragé. Il cligna des yeux, ravalant des larmes de colère et de déception. Et maintenant ? Devait-il renoncer et rentrer chez lui ?

Quinn traversa la scène, désorienté, puis il se souvint que c'était par là qu'il avait pourchassé la souris. Levant les yeux, il se raidit. Cette vielle affiche au-dessus du trou de souris – il distinguait les contours d'un visage masqué – lui rappelait la silhouette qu'il avait aperçue sur la scène le premier jour. Peut-être, après tout, n'était-ce pas si idiot d'avoir poursuivi cette souris ?

Quinn observa les ombres qui dansaient dans les coulisses. Derrière les toiles de fond se trouvaient de minuscules loges, ainsi que la salle des accessoires, qui n'avaient pas servi pendant des années, jusqu'à l'arrivée de l'équipe de tournage. La porte d'une loge était entrouverte. Poussé par un étrange sentiment, Quinn poussa la porte qui s'ouvrit en grinçant. Une odeur de moisi le prit à la gorge.

D'énormes toiles d'araignées recouvraient un vieux miroir, au-dessous duquel se trouvait une petite table toute tachée. Jadis un acteur s'était assis là, se dépêchant de se maquiller avant d'être appelé sur scène et de déclamer son texte.

– Un pauvre comédien qui se pavane et s'agite durant son heure sur la scène et qu'ensuite on n'entend plus... dit tout haut Quinn, puis il se tut, étonné. D'où venait cette phrase ?

– On dirait du Shakespeare, murmura-t-il. Mais il ne connaissait aucun texte de Shakespeare par cœur. Jamie en connaissait sûrement, avec son Q.I. exceptionnel et sa mémoire d'éléphant. Mais lui, non. Il ressentit alors une sensation de froid et sut.

Il l'aperçut d'abord dans le vieux miroir, ombre floue flottant à côté des ombres.

– Est-ce du Shakespeare ? demanda Quinn d'une voix forte, étrangement calme maintenant qu'il avait trouvé le fantôme.

– Oui ! répondit la forme sombre d'une voix légèrement éraillée. *Macbeth,* Acte V, scène V. Ce type devait être plutôt découragé, ne trouvez-vous pas ? Ce n'est pas le portrait que la plupart des acteurs choisiraient.

– Vous êtes acteur ? Quinn connaissait déjà la réponse. La forme devenait de plus en plus nette et Quinn distinguait son visage. C'était un homme de petite taille, en costume d'époque, dont le visage était en partie dissimulé par un masque. Les orbites des yeux semblaient vides. C'était le fantôme de l'acteur figurant sur la vieille affiche. Quinn frissonna.

– J'ai fréquenté les planches pendant quarante ans, dit le fantôme fièrement. Vous devriez voir mon press-book, j'ai eu beaucoup d'articles élogieux.

– Avez-vous joué *Macbeth* ? Il fallait continuer à lui parler, se dit Quinn. L'amadouer ; la voix du revenant était douce, mais son masque effrayant.

Le fantôme secoua la tête ; son reflet dans le

miroir devint flou, puis plus net. Quinn l'observa, éberlué.

– Malheureusement non ! Mais j'ai joué le premier assassin, avec beaucoup de réussite.

Il parlait avec tant de fierté que Quinn réprima un autre frisson. Et le spectre de Banquo, parce je ne pesais pas lourd et qu'il était ainsi plus facile d'actionner la trappe. À l'époque, nous ne disposions pas des effets spéciaux que vous avez aujourd'hui. J'ai toujours voulu jouer les héros, mais n'en ai jamais eu la stature. J'ai terminé dans le rôle d' un scélérat.

Il porta la main à son visage. Quinn ne savait comment interpréter son ton de voix. Était-ce de la fierté ?

Quinn essayait de garder son calme en face de cette présence surnaturelle.

– Et les accidents sur le plateau ? Comment les expliquer ? Essayez-vous d'arrêter le tournage ?

Le fantôme s'approcha, ses pâles sourcils émergeant au-dessus du masque.

– En aucun cas ! C'était très drôle à regarder ; je n'ai pas pu m'empêcher d'assister à mon propre film joué par d'autres. Ils ont réécrit quelques passages, bien sûr, les réalisateurs sont tous les mêmes, et ces énormes caméras, nous n'avions rien de comparable. Mais cela me rappelle de bons souvenirs.

– Alors vous n'avez pas essayé de faire du mal à Ryan ? répéta Quinn.

– C'est un gentil garçon, mais il est à un âge

difficile. J'en ai vu de charmants enfants, vous savez, mais ils grandissent et sont vite oubliés. Cela arrive tout le temps.

– Mais le masque...

Le fantôme secoua à nouveau la tête.

– On donne toujours les mêmes rôles à un acteur, c'est comme ça ! Le masque, ce fut mon rôle préféré, mon seul premier rôle. Je jouais le Fantôme.

Cette fois-ci, sa voix était empreinte de fierté. Mais son histoire était-elle vraie ? Ce fantôme était-il en réalité un scélérat ou bien en avait-il seulement joué le rôle ?

– Alors Ryan n'est pas en danger ? demanda Quinn calmement, désireux de croire ce que disait le fantôme.

– Oh, je n'ai pas dit cela. Méfiez-vous des ambitions avortées ! N'expliquent-elles pas la chute de Macbeth ?

Le fantôme recula et son ombre s'évanouit dans l'obscurité.

– Attendez ! Que voulez-vous dire ? demanda Quinn.

Personne ne répondit. Une fois de plus, les ombres étaient vides.

11

Aucune trace de balle

Jamie se leva de bonne heure, heureuse que sa mère n'ait pas insisté pour qu'ils ne retournent plus au théâtre. Curieusement Quinn avait du mal à se réveiller ce matin ; elle avait dû l'appeler trois fois avant qu'il n'arrive dans la cuisine en baillant.

– Qu'est-ce qui t'arrive ? Tu as l'air épuisé, lui dit Jamie.

Quinn secoua la tête et prit le morceau de pain grillé qu'elle lui tendait.

– Maman est déjà partie au travail. Tu veux retourner au théâtre, n'est-ce pas ? lui demanda Jamie d'un ton inquiet. Ryan a besoin de nous là-bas ; il pourrait encore être en danger.

Elle s'attendait à ce que Quinn discute, mais il hocha la tête.

– Tu as sans doute raison.

Ils se rendirent au théâtre en autobus ; le tournage était déjà commencé. Jamie et Quinn attendirent dehors que la lumière rouge s'éteigne, ce qui signifiait que le tournage était interrompu et qu'ils pouvaient entrer.

Ryan pourchassait un personnage invisible dans l'allée du théâtre. Jamie trouva un fauteuil en dehors du champ de vision de la caméra et Quinn s'assit à côté d'elle. Ils regardèrent Ryan jouer sa scène une nouvelle fois.

– Coupez ! cria le réalisateur.

– Où est le type qu'il est censé pourchasser ? chuchota Quinn.

– C'est le fantôme, lui expliqua Jamie. Elle avait emprunté une copie du scénario et l'avait lue entre les prises de vue.

– Et où est l'acteur qui joue le fantôme ?

– Ils utiliseront des effets spéciaux ; la voix off sera ajoutée ultérieurement, expliqua Jamie. Sa mère avait des amis dans le cinéma ; elle avait déjà vu utiliser ce genre de procédé avant.

Quinn grimaça.

– D'habitude ce n'est pas comme cela ! dit-il doucement.

– Comment ?

Jamie planta son regard dans ses yeux.

– Silence sur le plateau ! cria le régisseur, et Quinn ne répondit pas.

Lorsque Ryan revint se mettre en place pour la scène suivante, il fit un petit signe aux deux enfants. Jamie lui répondit, essayant de ne pas sourire trop béatement. S'ils pouvaient empêcher qu'il arrive quelque chose à Ryan ! N'était-ce pas leur but, à elle et à Quinn : utiliser leurs dons particuliers pour aider les autres ?

Jamie regarda les trois prises de vue suivantes avec beaucoup d'intérêt ; même Quinn n'avait pas l'air de s'ennuyer aujourd'hui, même si parfois il observait le fond de la scène où il ne se passait rien.

À la pause, Ryan les invita à nouveau à déjeuner dans sa loge. Ils traversèrent la scène et Ryan fit un petit signe à un membre de l'équipe de tournage qui rangeait les accessoires. L'acteur se pencha pour ramasser l'épée qu'il avait jetée pendant la scène de la poursuite, caressant le métal avec affection.

– Voici mon épée, elle est ancienne. Allons chercher son fourreau dans la salle des accessoires ; après quoi nous irons déjeuner.

Ils l'accompagnèrent dans les coulisses qui étaient désertes.

– Non, pas là, dit Ryan à Jamie qui se dirigeait vers la salle des accessoires. J'enferme mes affaires dans la pièce voisine.

Jamie se précipita pour ouvrir la porte.

– Permettez que j'ouvre ! dit-elle.

– Non, je vais le faire ! protesta Ryan, mais elle avait déjà franchi le seuil de la porte.

Soudain elle trébucha. On entendit un coup de feu.

Jamie sursauta et Ryan la plaqua brutalement au sol. Quinn se jeta par terre à leur côté.

Jamie sentait son cœur battre à tout rompre. Où était le tireur ? Elle regarda vers le fond de la pièce, mais les piles de cartons et de caisses offraient trop de possibilités de cachette.

Elle se sentait très exposée. Elle colla sa tête par terre. La poussière lui picota le nez et elle éternua.

– Sortons d'ici, murmura Quinn.

Ryan hocha la tête. Du coin de l'œil, Jamie pouvait le voir juste derrière elle, allongé par terre. L'acteur lui donna une petite tape sur le bras et Jamie rampa vers la porte, s'égratignant les mains sur le plancher rugueux et écartant sur le côté un bout de ficelle et de vieux morceaux de tissu qui jonchaient le sol. Elle haletait.

Lorsqu'enfin ils sortirent de la pièce et qu'elle se mit debout, ses genoux tremblaient. Elle s'appuya un moment contre le mur.

– Venez vite ! ordonna Ryan, l'air soucieux. Ils traversèrent la scène et sortirent sur le parking.

– Restez avec Quinn et Jamie, demanda Ryan à un membre de l'équipe de tournage. Il faut que j'aille prévenir Jack ; nous avons encore eu des ennuis.

Le jeune homme les regarda, étonnés.

– Que s'est-il passé ?

– Quelqu'un nous a tiré dessus ! expliqua Quinn. Il faut vite appeler la police.

Le déjeuner fut lugubre. Jamie et Quinn ne revirent Ryan et le réalisateur qu'après l'arrivée de la police. Ils déjeunèrent avec les autres membres de l'équipe, puis la police les appela dans la loge de Ryan et leur demanda leur version des faits.

– Avez-vous vu quelque chose ? demanda le policier pour la seconde fois.

Jamie secoua la tête.

– Non, je vous dis. La pièce était sombre ; j'ai simplement entendu le coup de feu, puis nous nous sommes jetés par terre. C'est tout.

Quinn avait déjà parlé au policier pendant que Jamie attendait dehors.

– Avez-vous trouvé quelque chose ? demanda-t-elle au policier.

Le lieutenant Casey tapota avec son stylo sur le bloc-notes posé sur ses genoux.

– Non, répondit-il. Pas même un impact de balle dans le mur.

– Mais, je vous l'ai déjà dit, nous avons entendu le coup de feu, insista Jamie. C'était tout près.

– Peut-être était-ce une pétarade de voiture, répondit le policier.

– Ce n'était pas une pétarade, riposta Jamie en le regardant droit dans les yeux d'un air de défi.

– Nous avons votre déposition, mademoiselle. Nous vous recontacterons si nous avons besoin de vous.

Pensait-il qu'ils mentaient ? Jamie sortit de la caravane en fulminant. Quinn attendait en compagnie de Ryan.

– Savez-vous ce qu'il m'a dit ? Ils n'ont trouvé aucun impact de balle. Ne nous croiraient-ils pas ?

– C'est simplement qu'ils n'ont encore rien trouvé, répondit Ryan. Il y a un tel désordre dans cette pièce ; si le coup est parti à l'improviste, la balle peut être n'importe où. Elle réapparaîtra.

– Comment savez-vous que le coup est parti à l'improviste? demanda Quinn.

– C'est une supposition ; nous n'avons pas été touchés, n'est-ce pas ? répondit Ryan avec un gentil sourire. Jamie lui rendit son sourire.

– Heureusement ! dit-elle. Notre assassin est sans doute un piètre tireur.

– Ou bien... Quinn s'arrêta.

– Quoi ? demanda Jamie.

– Ou bien ce n'était pas une vraie balle, poursuivit Quinn calmement.

– Qu'entends-tu par là ? demanda Ryan d'un ton sec.

– J'ai vu le fantôme, répondit Quinn toujours aussi calmement. Je suis revenu au théâtre la nuit dernière et je l'ai vu. Il m'a dit qu'il n'était en rien responsable des ennuis que vous avez eus. Je l'ai cru, mais maintenant je ne sais plus quoi penser.

– Une balle surnaturelle ? Jamie sentit ses cheveux se dresser sur sa tête. C'est ce que tu penses, Quinn ? Elle frissonna.

– Il y a encore autre chose, n'est-ce pas ? ajouta Quinn en se tournant vers Ryan.

Le jeune acteur haussa les épaules.

– Comment le sais-tu ?

– Je vous ai entendus en parler avec le réalisateur. Vous avez reçu une autre lettre de menace ?

Ryan hocha la tête.

– Voici ce qu'elle dit : « Si vous détruisez le Roxy, Ryan Drake mourra ».

Jamie respira profondément.

– Les médias sont-ils au courant ?

Sa mère ne les laisserait jamais retourner au théâtre si elle apprenait cela.

Ryan secoua la tête.

– Jack a prévenu la police, mais ils ont décidé de ne rien dire pour le moment. Il faut d'abord que nous terminions le tournage. J'y tiens. Mais peut-être vaudrait-il mieux que vous vous en alliez tous les deux. Je suis désolé que vous soyez mêlés à tout cela. Je n'aurais pas dû vous demander votre aide... je veux parler de la séance de spiritisme.

– C'est nous qui voulions vous aider, lui répondit Jamie. Avons-nous réussi ?

Elle jeta un coup d'œil à Quinn qui hocha la tête.

– Je ne sais comment vous remercier. Au fait, j'ai quelques heures de liberté. Je pourrais aller rencontrer ce groupe de théâtre dont vous m'avez parlé. Ils doivent répéter cet après-midi, non ?

– Certainement, répondit Jamie. Ils seront fous de joie de vous rencontrer. Venez, je vais... plutôt Quinn et moi allons vous accompagner jusque chez Emmaline.

Cette fois-ci, ils firent le trajet dans la voiture décapotable rouge de Ryan. Jamie et Quinn étaient serrés l'un contre l'autre, à l'avant. Jamie était au comble de l'excitation. Elle espérait que les passants dans la rue reconnaissaient leur conducteur. Elle fut presque déçue d'arriver si vite à destination. Ils grimpèrent les escaliers. Cette fois la porte était fermée et ils frappèrent.

La nièce d'Emmaline ouvrit. Ses yeux étaient maquillés en rouge.

– Oh, c'est vous ! Bonjour !

Jamie jeta un coup d'œil par-dessus son épaule. Les jeunes acteurs étaient assis dans le séjour comme l'autre fois, mais ils avaient l'air préoccupé. Que se passait-il ?

– Nous avons une surprise pour vous ! Ryan Drake en personne !

– Waouh ! Doreen écarquilla les yeux. Entrez ! Eh, les enfants, voici Ryan Drake !

Jamie et Quinn entrèrent derrière l'acteur.

– Où est votre tante ? demanda Jamie. Ne répétez-vous pas aujourd'hui ?

Le visage de Doreen s'assombrit.

– La police vient de l'emmener, répondit-elle.

– Ils l'ont arrêtée ? demanda Quinn d'un ton brusque. Pourquoi ?

Ryan semblait étonné, lui aussi. Tous trois attendaient la réponse de Doreen.

– Ils l'ont emmenée pour l'interroger. Mais peut-être est-elle en état d'arrestation à l'heure qu'il est. Ils ont présenté un mandat de perquisition ce matin et fouillé l'appartement de fond en comble. Ils ont dit que la plume retrouvée dans la corbeille de fruits ressemblait aux plumes ornant l'un de ses chapeaux et que...

La voix de Doreen se brisa et l'une des jeunes filles lui tapota le bras.

– Je suis sûr que ce n'est pas un motif suffisant pour l'arrêter, dit Ryan. Vous devriez continuer à répéter. N'est-ce pas ce que votre tante aurait souhaité ?

– Mais qui va nous diriger ? demanda Doreen en se mouchant.

– Moi ! Donnez-moi un texte ! dit Ryan. Le spectacle continue !

Jamie le regarda prendre les choses en mains et délimiter la scène. Doreen semblait déjà plus gaie.

– N'est-il pas génial ? chuchota-t-elle à l'oreille de Quinn.

– Un vrai cabotin ! répondit Quinn.

Jamie lui lança un coup de coude dans les côtes et il s'écarta en riant.

Tandis que les enfants répétaient, Jamie se souvint de la peur qu'elle avait eue lorsque le coup de feu avait éclaté à ses oreilles. Un frisson la parcourut.

– Crois-tu vraiment qu'Emmaline soit le meurtrier ? Ou bien est-ce le fantôme ?

Quinn secoua la tête d'un air lugubre.

– Il y a une chose dont je suis sûr. Personne n'est à l'abri tant que ce scélérat n'est pas démasqué. Le temps presse.

12
Une star introuvable

Le lendemain, les mesures de sécurité furent renforcées pendant le tournage, mais il ne se passa rien de particulier. Pendant la nuit, Quinn avait rêvé de ficelles entortillées autour d'un masque de fantôme. Jamie avait regardé les informations avec inquiétude. Des rumeurs d'incident avaient bien été évoquées dans les brèves, mais Maggie ne les empêcha pas de retourner au théâtre.

Elle leur avait annoncé qu'Emmaline avait été relâchée par la police. Quinn s'était réjoui pour Doreen.

Mais si Emmaline n'était pas la coupable, qui était-ce ? Pendant le tournage, Quinn s'éclipsa et revint juste avant le déjeuner.

– Où étais-tu ? lui demanda Jamie. J'ai surpris une conversation entre Max et Ryan. Je continue de penser que Max est le coupable. Mais, selon la police, il a un alibi. Le jour du coup de feu, il avait rendez-vous avec un réalisateur en ville.

– Il n'avait pas forcément besoin d'être là, répondit Quinn calmement.

– Comment pouvait-il nous tirer dessus alors ?

– Suis-moi. J'ai quelque chose à te montrer.

Quinn emmena Jamie dans la salle des accessoires et lui montra un engin en métal qu'il avait trouvé après de longues recherches.

– Qu'est-ce que c'est ? demanda Jamie.

– Quelque chose dans lequel on a pu insérer un revolver. Si tu attaches une ficelle à la gâchette et la tends en travers d'une porte, souviens-toi comment tu as trébuché lorsque tu es entrée dans la pièce !

– Tu veux dire que c'est moi qui ai déclenché le coup de feu ? Comment as-tu deviné ?

Jamie regarda Quinn avec infiniment de respect.

– Au début, je n'ai rien deviné du tout. Mais, la nuit dernière, j'ai rêvé d'une ficelle. Me souvenant de ce morceau de ficelle qui traînait par terre lorsque nous rampions vers la porte, je suis revenu le chercher.

– Max savait sûrement que Ryan gardait ses armes dans cette pièce ; personne d'autre n'aurait donc dû déclencher le coup de feu. Sauf moi, parce que nous l'accompagnions. Mais comment pouvait-il être sûr que la balle atteindrait sa cible ?

– Sauf erreur de notre part, Max ne voulait pas blesser son client, mais simplement l'effrayer et lui faire un peu de publicité, déclara Quinn.

– Exact. As-tu prévenu la police ?

Les yeux verts de Jamie étincelaient, comme toujours lorsqu'elle était excitée.

– Ils ne m'ont pas cru quand je leur ai parlé du fantôme. Ils ne sont pas sûrs qu'un coup de feu ait été tiré et n'ont toujours pas retrouvé la balle. Pourquoi me croiraient-ils cette fois-ci ?

– Il faut en parler à Ryan. Il a tellement confiance en Max ! s'écria Jamie.

– Tu as raison. Peut-être pourrons-nous lui parler pendant le déjeuner.

Les deux enfants attendirent impatiemment la fin du tournage, puis Jamie fit signe à Ryan.

– Pouvons-nous vous parler, demanda-t-elle. C'est très important.

– Bien sûr, répondit Ryan. Je vous rejoindrai dans ma caravane dans dix minutes.

Quinn et Jamie se dirigèrent vers le parking. Ils passèrent devant le régisseur qui leur adressa un petit sourire en lissant ses moustaches.

– Vous avez réussi à faire que notre star garde sa bonne humeur malgré tous ces incidents. Merci !

– Le tournage est-il terminé ? Quinn n'avait

pas fait très attention au programme. De nombreuses scènes avaient été filmées dans le désordre et il était difficile de s'y retrouver.

– Pratiquement. Nous avons encore la scène finale, bien sûr, ainsi que quelques plans qui doivent être filmés sur une scène en bon état.

– Vous avez donc toujours l'intention de faire sauter le théâtre ? demanda Jamie, l'air inquiet.

– Ah, ne recommencez pas ! Le femmes sont encore en train de manifester, dit le régisseur en jetant un œil par-dessus son épaule, comme si Emmaline allait apparaître. Ils vont installer les explosifs demain. Pour des raisons de sécurité, personne ne sera admis à l'intérieur.

– Quinn, qu'adviendra-t-il du fantôme si le théâtre explose ? demanda Jamie à voix basse.

– Aucune idée, répondit Quinn.

Prenant une limonade sur le buffet, ils se dirigèrent vers la caravane de Ryan. Ils frappèrent à la porte, mais personne ne répondit.

– Ce n'est pas fermé à clef. Crois-tu que nous pouvons l'attendre à l'intérieur ? demanda Jamie.

– Certainement !

Ils entrèrent dans la caravane et attendirent, mais Ryan n'arrivait toujours pas.

– Il est peut-être dans la chambre, dit Jamie en allant frapper à la porte. Personne ne répondit. Elle hésita, puis ouvrit la porte et jeta un coup d'œil à l'intérieur.

– Je n'aime pas cela, dit-elle à Quinn. Il a bien dit qu'il nous rejoindrait ici.

– Il a peut-être oublié, répondit Quinn, en proie à un mauvais pressentiment. Allons-nous-en !

L'équipe de tournage et les acteurs finissaient de déjeuner sur le parking, mais Ryan n'était pas avec eux.

– N'auriez-vous pas vu Ryan Drake ? demanda Quinn au régisseur.

– Il est dans sa caravane, murmura celui-ci en mordant dans son sandwich.

– Non, il n'y est pas. Quelque chose ne va pas, dit Jamie à Quinn. Je le sais.

Quinn jeta un coup d'œil à la ronde. Tout semblait parfaitement normal, mais il se sentait mal à l'aise.

– Allons dans le théâtre, dit-il.

La salle était vide. Quinn examina le balcon, puis retourna vers la scène. Rien.

– Allons dans les coulisses ! dit-il. Apparemment, c'est là que tout se passe !

Ils fouillèrent toutes les loges et les salles d'accessoires, mais en vain.

– Peut-être est-il allé déjeuner avec un ami, suggéra Jamie, dépitée.

C'était au tour de Quinn d'être inquiet.

– Il reste encore une porte, dit-il. Ouvrons-la !

Il ouvrit la porte et découvrit un petit escalier.

– Il y a une cave sous la scène, dit Jamie en le suivant. Y a-t-il quelqu'un en bas ?

– Je ne vois rien, dit Quinn en descendant. S'arrêtant, il renifla. Je sens une odeur de fumée !

13
Scélérats et héros

– Appelle le 911 ! dit Quinn à Jamie. Je vais voir s'il y a quelqu'un.

Au lieu d'aller chercher des secours, Jamie le suivit.

– Jamie ! s'écria-t-il. Mais ce n'était pas le moment de discuter. Une épaisse fumée envahissait la cave ; on n'y voyait rien et l'air était irrespirable.

Il entendit quelqu'un tousser.

– Qui est là ? demanda une voix familière. Allez chercher des secours !

– C'est Ryan ! s'exclama Jamie. On ne peut pas le laisser là !

Quinn essaya d'avancer, mais sans cesse des caisses et des tonneaux lui barraient le passage. Bientôt ils ne pourraient plus respirer, se dit-il. Mais que diable Ryan faisait-il là ?

Il se pencha pour éviter l'épaisse fumée accumulée au plafond. Il respirait mieux ainsi. Il se fraya un passage à travers les caisses et les vieux accessoires, passant à côté d'un cheval en bois à moitié cassé et un piano délabré.

Enfin, il découvrit Ryan. L'acteur, agenouillé par terre, suffoquait, les cheveux emmêlés et sales, le visage couvert de suie. Une étrange odeur flottait autour de lui et des larmes, provoquées par la fumée, coulaient de ses yeux maquillés en rouge.

– Venez, lui cria Quinn. Les flammes crépitaient de plus en plus fort derrière eux. Il faut absolument sortir de là !

Quinn saisit l'acteur par le bras et le tira vers l'escalier, puis il s'arrêta.

– Enlevez votre veste, elle empeste l'essence ! cria Quinn. Vous avez mis le feu vous-même, n'est-ce pas ?

– Quoi ? hurla Jamie.

Ryan toussa et cligna des yeux, puis retira sa veste qu'il jeta par terre.

– Je ne pensais pas qu'il se propagerait aussi vite, répondit Ryan en suffoquant.

Ce n'était pas le moment de discuter. Quinn prit l'acteur par le bras. Sous la couche de suie, son visage était livide. Pourvu qu'il ne meure pas, espéra Quinn. Et nous non plus. L'air était de plus en plus irrespirable.

– Je ne sais pas par où passer, cria Jamie d'une voix tremblante.

Quinn lui aussi tremblait de peur. L'air était

de plus en plus chaud et la fumée de plus en plus épaisse. Respirer lui faisait mal à la poitrine. Allaient-ils donc tous mourir ici parce qu'un stupide acteur était en mal de publicité ? « Méfiez-vous des ambitions avortées », avait dit le fantôme.

– Donne-moi la main, ordonna Quinn à Jamie, en s'approchant d'elle. Elle saisit sa main et il baissa la tête. Tenant Ryan d'un côté et Jamie de l'autre, Quinn se fraya un passage à travers les caisses et les vieux décors en direction de l'escalier.

La pièce lui parut plus grande qu'il le pensait. Étaient-ils en train de tourner en rond ? Quinn toussa, tirant les deux autres de toutes ses forces et s'obligeant à avancer.

Brusquement des toiles entassées les unes sur les autres prirent feu. Jamais ils n'atteindraient l'escalier, se dit Quinn. La fumée était toujours plus épaisse. Ils étaient pris au piège.

Nous allons mourir ici, se dit Quinn, paniqué. Ses pensées commençaient à s'embrouiller. Il ferma les yeux. Au secours ! Au secours...

Soudain, au milieu de la fournaise, il éprouva une sensation de froid, comme si une nappe de brouillard humide émergeait de la fumée. Une petite voix s'éleva, qui lui parut familière.

– Par ici, jeune homme, par ici ! Ce n'est pas le moment d'abandonner ! dit la voix. Dirigez-vous vers la trappe !

– Quinn, murmura Jamie, en toussant. Qu'allons-nous faire ?

Quinn essaya d’ouvrir les yeux. A travers la fumée, il aperçut le fantôme dont le visage pâle était dissimulé derrière un masque.

– Par ici ! répéta le fantôme, et Quinn avança péniblement.

Maintenant il apercevait la trappe.

– Vite, dit-il à Jamie. Aide-moi à l’ouvrir !

Ensemble ils poussèrent une caisse sous la trappe. Ryan, devinant ce qu’ils voulaient faire, les aida à poser une autre caisse par-dessus et Quinn grimpa dessus. Atteignant la trappe, il essaya de trouver le loquet ; brusquement elle céda – le fantôme l’avait-il ouverte ? – et Quinn dut sauter en arrière pour ne pas tomber de son perchoir.

– Venez ! cria Quinn. La fumée était aspirée par l’ouverture et il toussa de plus belle. Il aida Jamie, puis Ryan, à franchir la trappe. A leur tour, ils l’aidèrent à sortir.

À peine étaient-ils descendus de la scène qu’une partie de celle-ci s’effondra. Quinn sauta en arrière pour éviter une pluie d’étincelles. Il entraîna Ryan, et Jamie les suivit.

Arrivée à la porte latérale, Quinn s’arrêta pour regarder en arrière. Il aperçut distinctement le fantôme qui se tenait devant la scène, enveloppé d’un nuage de fumée et de flammes.

– Merci ! lui dit Quinn.

– J’ai toujours voulu jouer les héros, répondit le fantôme en souriant.

– Viens, Quinn ! cria Jamie, et il sortit.

Tous trois, gravement intoxiqués par la fumée, passèrent la nuit à l'hôpital. Quinn fut longuement interrogé par la police et surtout sévèrement réprimandé par Maggie Anderson.

– Je sais ! lui répondit-il le lendemain matin. Mais que pouvais-je faire ? Le laisser rôtir ?

– La prochaine fois, sors immédiatement et appelle les secours ! lança Maggie. Vous auriez tous pu y rester ! Elle l'embrassa à nouveau et enlaça tendrement Jamie qui avait quitté sa chambre pour les rejoindre.

– Ryan a t-il avoué ? demanda-t-elle.

Maggie hocha la tête.

– C'est bien lui, comme le pensait Quinn, qui a attaché la ficelle à la gâchette du revolver. Il a lui-même empoisonné la pomme et s'est fait envoyer la corbeille de fruits en utilisant le numéro de son agent. C'est également lui qui a truqué la séance de spiritisme.

– Tu n'avais pas donc pas perdu tes dons extrasensoriels, dit Jamie. Il n'y avait rien à sentir. Je savais bien qu'il ne s'agissait pas d'un vrai fantôme.

Quinn réprima un sourire. Peut-être le lui dirait-il plus tard.

– La première fois, lorsque la scène s'est effondrée, il s'agissait bien d'un accident, confirma Maggie.

Jamie soupira.

– Ont-ils retrouvé la balle ?

– Non, et ils ne la trouveront jamais, déclara

Quinn sans laisser à Maggie le temps de répondre. Le revolver était un faux, bien évidemment !

– Ce n'était pas une vraie balle ? s'écria Jamie en clignant des yeux. J'aurais dû y penser !

– Les balles à blanc peuvent être dangereuses si l'on est tout près, à cause du risque d'explosion. Aucune balle n'ayant été tirée, il ne pouvait y avoir d'impact dans le mur. C'était un truquage, comme beaucoup de choses au cinéma.

– L'incendie par contre était réel, trop réel, et nous avons failli y rester, répliqua Jamie. Je n'arrive pas à croire qu'il ait commis une telle bêtise, uniquement pour donner un coup de pouce à sa carrière. Le cinéma n'est pas tout dans la vie, l'ignorerait-il ?

Quinn éclata de rire. Il retrouvait la Jamie qu'il connaissait. Hormis une trace de brûlure sur la joue, elle semblait aller bien.

– Je pense qu'il l'a compris, dit Quinn. Il est venu te remercier ce matin. L'infirmière lui a dit que tu prenais ta douche, ajouta-t-il en voyant son air indigné. Il songe à refaire des études pour devenir réalisateur.

On frappa à la porte.

– Quinn et Jamie ?

– Entrez ! répondit Jamie. Quelqu'un apportait un énorme bouquet de fleurs.

– Oh ! s'exclama Jamie en lisant la carte.

– Est-ce Ryan qui présente ses excuses ? demanda Maggie.

– Non, c'est Emmaline. De quoi veut-elle nous remercier ?

– Ryan m'a expliqué, dit Quinn. Ils ont bien sûr appelé les pompiers, lorsque l'incendie s'est déclaré ; mais ils en ont profité pour le filmer. Le résultat a tant plu au réalisateur qu'il a décidé de terminer le film par un incendie, au lieu d'une explosion. Ils filmeront quelques scènes en studio et ne détruiront donc pas le théâtre. Ryan a promis à Emmaline de l'aider à racheter et à restaurer le Roxy.

– C'est gentil de sa part, dit Jamie.

– En fait, il voudrait que le juge l'autorise à remplir un service d'intérêt général, répondit Quinn sèchement. Le juge acceptera sans doute, car il n'a jamais eu d'ennuis avant. Ryan va donc aider le groupe de théâtre. Ils ont déjà choisi une pièce et les auditions vont bientôt commencer. Veux-tu y aller ?

– Moi ? Non merci ! J'en ai assez d'Hollywood, répondit Jamie d'un ton enjoué.

Ils se dirigèrent vers l'ascenseur. Maggie les précédait, les bras chargés de fleurs.

Dès qu'ils furent sortis de l'hôpital, Jamie s'approcha de Quinn.

– Il nous faut trouver un autre mystère à résoudre, lui chuchota-t-elle. Dieu sait de quoi nous sommes capables lorsque nos deux cerveaux sont réunis !

Quinn sourit et dit à voix basse :

– À propos du fantôme...

Dans la série Spécial noir

1. **Le mystère du bonhomme de neige** • *H. Townson / Ph. Dupasquier*
2. **Le vol du Croissant pourpre** • *H. Townson / Ph. Dupasquier*
3. **Espions à la noix** • *H. Townson / Ph. Dupasquier*
4. **Et que ça saute !** • *H. Townson / Ph. Dupasquier*
5. **Les pirates** • *Ch. Brouillet / Ch. Maucler*
6. **La montagne noire** • *Ch. Brouillet / Ch. Maucler*
7. **Mystères de Chine** • *Ch. Brouillet / P. Baltzer*
8. **La ville engloutie** • *S. Sarfati / B. Pilorget*
9. **Pas d'orchidées pour Miss Andréa** • *Ch. Brouillet / P. Baltzer*
10. **Le caméléon** • *Ch. Brouillet / Ch. Maucler*
11. **La comédienne disparue** • *S. Sarfati / D. Boll*
12. **Les chevaux enchantés** • *Ch. Brouillet / P. Baltzer*
13. **Épouvante et petits gâteaux** • *H. Townson / Ph. Dupasquier*
14. **Contrebande chez les fossiles** • *H. Townson / Ph. Dupasquier*
15. **Ça chauffe pour le glacier !** • *H. Townson / Ph. Dupasquier*
16. **Kidnappings en série** • *H. Townson / Ph. Dupasquier*
17. **Secrets d'Afrique** • *Ch. Brouillet / P. Baltzer*
18. **Un crime est-il facile ?** • *M. Amelin / G. Frély*
19. **L'assassin des chats** • *M. Amelin / A. Korkos*
20. **Bulletin en cavale** • *H. Townson / Ph. Dupasquier*
21. **L'affaire du labo** • *L. Gillot / M. Kiritzé*
22. **La veuve noire** • *Ch. Brouillet / P. Baltzer*
23. **Le signe du crabe** • *H. Townson / Ph. Dupasquier*

24. **Touchez pas au bébé !** • *H. Townson / Ph. Dupasquier*
25. **La malédiction des opales** • *Ch. Brouillet / P. Baltzer*
26. **Cerise et testament** • *S. Dieuaide / Ch. de Viguerie*
27. **Cerise habite au 21** • *S. Dieuaide / Ch. de Viguerie*
28. **Le matou se rebiffe** • *H. Townson / Ph. Dupasquier*
29. **Les voix truquées** • *S. Sarfati / M. Kiritzé*
30. **Pitié pour les voleurs** • *M.-S. Roger / G. Frély*
31. **Cerise, cambrioleur !** • *S. Dieuaide / Ch. de Viguerie*
32. **Panique dans le train** • *H. Townson / Ph. Dupasquier*
33. **Le ventre du serpent** • *Ch. Brouillet / P. Baltzer*
34. **Le vol du siècle** • *Ch. Brouillet / G. Frély*
35. **Le corbeau** • *Ch. Brouillet / G. Frély*
36. **Attention, les murs ont des oreilles** • *R. Plante / Ch. de Viguerie*
37. **L'énigme de la momie** • *Ch. Zach / O. Vaillon*
38. **Un fantôme au théâtre** • *Ch. Zach / O. Vaillon*